「記憶力」と「思考力」を高める
読書の技術

木山泰嗣
Kiyama Hirotsugu

日本実業出版社

はじめに

☑ エピソードの記憶

先日、ある二人の作家の文庫を読みました。著名《ちょめい》な男性作家に年齢が彼より30歳ほど若い女性作家がインタビューをしたもので、対談形式で綴《つづ》られた本です。単行本《たんこうぼん》もすでに読んでいたのですが、好きな作家なので文庫化されたら、やはり読みました。

その文庫を読み始めると、鹿がたくさんいる奈良公園の情景《じょうけい》が頭の中に浮かびました。奈良公園の近くの、道路を渡ってすぐのところに一軒家のお店があるのですが、その2階のカフェの窓際《まどぎわ》に差し込む5月の陽光《ようこう》が鮮明に浮かびました。そして、ゴールデンウィークの旅行を終えて、帰路《きろ》についた東京行きの東海道新幹線の乗車席……。そう、たしかにそこで、この文庫が刊行される前の単行本を読み終えていたのです。

それは、過去の旅行の記憶を呼び起こせば、2年半ほど前。つまり、2017年の5月でした。発売されたばかりの文庫のページを繰《く》ると、単行本はたしかに2017年に刊行されていました。

鮮明《せんめい》に浮かんだそれぞれの情景も思い出し、スマホ（スマートフォン）の写真を「２０１７年」で検索《けんさく》して、それぞれのシーンをみると、鹿がたくさんいる奈良公園の近くのカフェで撮《と》った写真や、帰りの新幹線の乗車席で撮った写真がみつかりました。

そこには、しっかりと**『みみずくは黄昏《たそがれ》に飛びたつ』**（新潮社）のカバーが映《うつ》っていました。ここで手元にあるスマホを使い、Amazon《アマゾン》のサイトで検索すると、発売日は２０１７年４月27日とあります。したがって、発売されてすぐに、この本を購入《こうにゅう》し、５月上旬の奈良旅行のときに読んでいたことがわかりました。時系列もピッタリと合っています。

２年半ほど前に一度読んだことのある本が文庫化され、その文庫版を２０１９年の年末に読んだ、ということです。

文庫版の最後には、単行本にはなかった新たな対談が追加収録されていました。インタビュアーの**川上未映子《かわかみみえこ》**が「また2年後にインタビューしたい」といっていたのが実現したと書いてあります。それで、２年前の奈良公園の近くにあったカフェと帰りの新幹線の乗車席が再び蘇《よみがえ》りました。

「あれは2年前か。早いなあ」と改めて時の経過を実感し、文庫版を読み終えました。

『みみずくは黄昏に飛びたつ』

村上春樹（むらかみ はるき）・川上未映子（かわかみ みえこ）、新潮文庫、2019年

「訊く」側ではなく、「語る」側に関心があって購入した本ですが、この本の奥が深いのは、引き出す側がすごいからであることに３回読んで気づきました。それで最近、『乳と卵（ちちとらん）』を買いました。届いて、昔（芥川賞受賞当時に）読んで面白かったことを思い出しました。

☑ スマホか？　本か？

「本は、暇《ひま》つぶしのためのものか？」

そんな疑問が、小さめの書店の趣味本のコーナーを歩いていたときに、ふと、頭をよぎりました。

時は年末も大晦日《おおみそか》。ふだんは行かない囲碁《いご》とか美術といった本があるところをたまたま歩いていたときのことです。年配の方が一人、雑誌を立ち読みしていました。

では、スマホは、暇つぶしのためのものでしょうか？

もはや、スマホの画面をみる時間に1日の多くが支配されていませんか？

テレビのバラエティ番組やドラマも、スマホのせいで内容が途切れたり、スマホのほうをみていて番組がいつの間にか終わっていたり……なんてことが、よくありますよね。そんな時代に、「スマホも本も暇をつぶすためのものなのか？」と考えてみると、何か違う気がしてきました。

かつては、暇がたくさんあったのです。雑誌を購入してまで「クロスワード」にハマっていた人は、きっと最初は暇つぶしのために始めたのではないかと思います。

しかし、いま、スマホが暇つぶしのツールかというと、あるいは本が暇つぶしのツールとしての役割をスマホに奪われたのかというと、何かすっきりしません。

☑ 本に眠る宝

わたしは、10年以上前に、「本にはたくさんの宝が眠っていて、それを発掘《はっくつ》するのが読書の楽しみである」と、ある本の中で書きました。

30代前半の弁護士であったわたしは、その当時、年間400冊以上の本を読むほど、「すき間《ま》時間」（細切《こまぎ》れの時間）を読書に投入していました。仕事も忙しかったのですが、2008年当時はそもそもスマホを所有していなかったので、通勤電車の往復《おうふく》の時間、お昼休みの時間、事務所での仕事が終わり帰宅前に立ち寄るカフェの時間に、スマホをみる時間は存在せず、本の世界に没入《ぼつにゅう》することができました。わたしに限らず、当時はそういう空気がまだあったはずです。わずか10年ちょっと前なのですが――。

そんな時代に、遅ればせながらではあったのですが、30代になってようやく本を読むようになったわたしは、**「読書を楽しむ習慣」**を身につけました。本当によかったと思っています。

30代の10年間、1年に400冊以上の本を楽しみながら読み続けたことで、**まず「読解《どっかい》力《りょく》」が身について文章を読むスピードは速くなり、さらに「記憶力」も「思考力」も格段に高まった**からです。その秘訣《ひけつ》を披歴《ひれき》してほしいというのが、編集者からわたしに寄せられた本書のテーマです。

ここ数年、多くの「読書」をテーマにした本が、ビジネス書として刊行されているようです。書店でもよくみかけます。

ただ、わたしは自分の読書スタイルをすでに築《きず》いているので、いまはこの手の本は読みません。そのため、類書《るいしょ》がどうなっているかについては、2008年12月に自著《じちょ》『弁護士が書いた究極の読書術』を刊行したときの情報程度しか知らないのですが、スマホがあらゆる場面で利用されている現代——令和時代でもある2020年代——に、読書をテーマにすると、何を書けばよいのかと悩みました。

☑ 魔法のような速読術《そくどくじゅつ》や記憶術はあるのか？

結論からいうと、本書は、本が1日に10冊も読める速読術のような「読むスピード」が得られる技術を叙述《じょじゅつ》したものではありません。

また、「一度読むだけで絶対忘れない記憶力が得られます」というような、覚える力を手に入れるための「便利な本」でもありません。

ところで、速読の技術を手に入れた人は、それを何に活用しているのでしょうか？

さらに、根本的な疑問を提示することになりますが、1日に10冊読めたり、読むだけで忘れない記憶力が手に入ったりする魔法のような本は、本当に存在するのでしょうか？

☑よい本かどうかの判断基準――ちょうど読んでいた本から得た示唆《しさ》①

わたしの好きな、ある作家は、没後《ぼつご》25年を超えているのに、いまでも新刊が発売されています（新装版《しんそうばん》ですが）。

その作家が昭和51（1976）年11月号・12月号の「小説推理」で行った若手作家との対談が収録された本を読んでいたら、若手作家が「三島由紀夫《みしまゆきお》にしても、夢野久作《ゆめのきゅうさく》にしても、素晴しい作品がある」けれど、そうでない作品もあるとして、「そこのところは読者一人一人が自立的《じりつてき》に判別《はんべつ》しなければならない」と発言していました。

その若手作家とは、**五木寛之《いつきひろゆき》**です。同氏は1932年9月生まれですから、1976年の11～12月当時の年齢を計算すると44歳です。一方、わたしが好きな作家というのは**松本《まつもと》清張《せいちょう》**なのですが、本の扉に1909年生まれと書いてあるので、計算すると当時の年齢は67歳でした。

わたしは現在（本書の原稿《げんこう》を執筆した2019年12月時点）45歳なので、こうして計算してみると、いまは大ベテラン作家である五木寛之（現在87歳）が行った、先ほどの対談が書籍化されたのは、いまのわたしとほぼ同年齢のときということになります。ただし、生きた時代が違うので、そこは注意を要します。

話はそれましたが、五木寛之がいうように、本は、わたしたち「読者一人一人が自立的に判別しなければならない」対象です。面白いか面白くないか、役立つか役立たないかは、「他人に聞くものではない」ということですね。また、ネット上のレビューが本の評価を決めるものでもありません。「わたし、このアーティストは好きじゃないんだよね」と友達にいわれたとしても、あなたがそのアーティストの音楽が好きなことは変わらないのと同じです。他人の評価にかかわらず、よい本かどうかは、あなたが決めればいいのです。

ちなみに、その対談が収録された本は、松本清張の『**松本清張対談集　発想の原点**』（双葉文庫）で、1977年に刊行された単行本が、2006年に文庫化されたものでした。

これも、文庫版の中に記載されている情報をみると、わかります。

☑本を読めばタイムスリップできる――ちょうど読んでいた本から得た示唆②

どの長編《ちょうへん》小説も面白いので何回も熟読しているのですが、短編《たんぺん》小説になるともっと天才的な文章力を発揮する作家がいます。その作家の初期の短編に「ニューヨーク炭鉱の悲劇」という作品があります。その物語の中で、次のような登場人物同士のやりとりが出てきます。

テレビを「いいかい」といって5分ばかり消した主人公の友人が、「スイッチを切った瞬間、どちらかの存在がゼロになった」といいます。そして、「俺たちか、それとも奴《やつ》か、

『松本清張対談集　発想の原点』

松本清張（まつもと せいちょう）、双葉文庫、2006年

1977年に刊行された対談集の文庫版です。巨匠清張の生の言葉が会話文で描かれ、その肉声が聞こえてくるようです。対談相手も、佐野洋、五木寛之、井上ひさし、筒井康隆と豪華。対談なのに、清張の会話部分が異様に長いのです。饒舌（じょうぜつ）な文章から、着想の源泉がみえます。

どちらかがさ」と添《そ》える友人に対し、主人公は「違う考え方もあるぜ」と返します。

一瞬、何をいっているのかわかりにくいのですが、「本を読む」とは、こういうことかな、と思いました。特に、作家がひねりだした作品の短い会話には、普通の思考とは異《こと》なる仕掛けがあって、速読の対象にはならない妙味《みょうみ》が存在します。

立ち止まって、「あれ？　どういうことだろう」と考えることになります。テレビに映《うつ》っていた人は、テレビのスイッチを消すと存在が消えてしまう。それを「存在がゼロになった」というのですが、「どちらかが」というのですから、自分の存在が消えたという視点もあることになります。これは、「誰からみた存在のゼロなのだろうか？」と思って読み返してみると、「違う考え方もあるぜ」と主人公が返しているので、「そうだよな」と思うわけです。しかし、続けて「そりゃそうさ。違う考え方なんて百万もある」といって、その友人は、インドに椰子《やし》の木が生《は》えていることなどを語るだけなのです。

この短編小説は、1981年3月発行の雑誌「BRUTUS」に掲載されたものです。2年後に中央公論社から刊行された『**中国行きのスロウ・ボート**』（単行本）に収録され、同書はその3年後に文庫化されています。そうした情報は、わたしの手元にある同文庫版（中公文庫）の奥付《おくづけ》などのページを繰《く》っていくと、わかります。

余談ですが、Twitterでは、賛成か反対かみたいな先鋭的《せんえいてき》な議論がされ、ときに著名人

『中国行きのスロウ・ボート』

村上春樹（むらかみ　はるき）、中公文庫、1986年（1997年改版）

村上ファンとして、ものすごい力量の長編の数々とは別に、静かに染み入る短編集もすべて推薦したいのですが、あえてこの本。書店で目にして購入するタイプの方には、唯一の中公文庫なので、目に入りにくいかもしれません。でも、これは村上初の短編集。読むしかないですね。

などが炎上しています。140文字の短い投稿なのに、そこにあるリプライ（返信）を読んでいくと、「情報の渦《うず》」に飲み込まれてしまいます。編集もされておらず、どこの誰だかわからないハンドルネームの人々が罵《のの》り合っています（言葉づかいも微妙なときがあります。価値判断の決めつけと強要も頻繁《ひんぱん》に行われていますよね。それから、言葉だけをみて人を批判するという浅薄《せんぱく》さがどうしても目立ちます）。そのため、「言葉の海」に溺《おぼ》れるような気分になり、それが深夜のベッドであれば、海から顔を出して呼吸をし続けるための「浮《う》き輪《わ》」が欲しくなることでしょう。

本には、こうした気持ちにさせられることがほとんどありません。

本はアナログですが、時代を超えて存在しています。コンパクトな文庫でも、じつはさまざまな情報が克明《こくめい》に記録されています。

しかし、それらの情報は、わたしが前の示唆①のところでやってみたように（年齢の比較：8ページ参照）、数字などのデータを、自分の用途《ようと》に応じて使うことが可能です。また、スマホも読書のためのツールとして使えば、本に掲載されていない関連情報も同時に得ることができます。これは、「現代読書」の利点《りてん》です。

本を読むと、時代を超えて、当時の著者《ちょしゃ》の思考に触れることができます。これは圧倒的に、スマホにはない「本の良さ」でしょう。世界の歴史に名を残した、数百年前に亡くなっている偉大《いだい》な故人《こじん》と対話をすることすらできるのが、本なのです。

☑「読書の楽しみ」は自分で自由につくることができる

Twitter も Instagram（インスタ）も Facebook も、どれもわたしはそれなりに使用してきたので、その面白さはわかります。機能も年々進化するので飽《あ》きない面がありますが、それらのアプリが用意した枠《わく》のなかで、多くの人はスマホで1日の多くの時間を投入して、ただ楽しんでいるようです。

一方、読書の楽しみ方は、一人ひとり違います。自由に「**読書の楽しみ**」をつくることができます。以前、音楽プロデューサーがアイドルユニットを結成するために行うオーディション番組がありましたが、プロデューサーの好みで、誰をどれくらい出演させて、どこまで生き残らせるか、どのような役割を与えるかなどを決めることができます。

あなたの読書も同様です。あなたも、「本のオーディション」をすることができるのです。本は買ったら最後まで読まなければならない、という義務はありません。

買ったけど、なんとなく気分が乗らず読まなかった。

少し読んだけど、合わないので読むのをやめた。

3分の1くらい読んで、新しい概念《がいねん》の総論的な意味は理解できたので、残りの各論は細《こま》かい話だったので読まなかった。

面白い小説なので、2年に一度は読み返すことにしている。

カバンに入れた5冊のうち、カフェでコーヒーカップを手に取ったときに、一番読みたくなったものを、まずは読む。飽《あ》きたら、別の1冊を読む。

面白ければ、30分読むけれど、気分が乗らなければ5分で次の本に移る――。

どの読み方も、あなたの自由です。

さあ、どの本があなたのオーディションで生き残り、面白い本として選ばれるのでしょうか？

もちろん、選ぶのは1冊である必要はなく、3冊でも、5冊でも、10冊でも、28冊でも、48冊でも構いません。さらに、音楽プロデューサーがつくるアイドルユニットと同じように、別のユニットをつくってもよいでしょう。

本を読むことで、得られる効能《こうのう》は多々あります。まずは「**読書の習慣**」を身につけることが、最も重要だと思います。弁護士になるまで、ほとんど本を読む習慣のなかったわたしですが、29歳で弁護士になって、30代で読書の習慣が身につきました。

司法試験に合格した後の司法修習時代に、それまで本を読んでこなかったつけが出ます。とにかく書類を読むのが遅くて、遅いのに理解も不正確で、読解力もない……。

こうしたコンプレックスが露呈《ろてい》し、「自分に弁護士の仕事が本当に務《つと》まるのだろうか？」と不安な日々を過ごしました。それを払拭《ふっしょく》してくれたのが、じつは読書だったのです。

わたしは、仕事をしながら、**「読書を楽しむ習慣」**を身につけました。30代という大人の年齢になってからのことになるため、本書の対象は、20代、30代、40代の仕事をもつ人かもしれません。

しかし、中学生、高校生、大学生のうちから、本を読む習慣を身につければ、とりわけ、同世代の人は「スマホの画面」ばかり眺《なが》めていて、本を読む時間がないでしょうから、ほかの人がもたない知識や知恵を手に入れることができる「秘密の通路」を得る機会になるかもしれません。

文章はSNSでも読むことができるかもしれませんが、本のそれは、遥《はる》かに奥深《おくぶか》く、深遠《しんえん》です。時代を超えた著書《ちょしょ》も多く残されていますが、いまを輝く、あるいはこれから世に知られることになる未来の才能をもつ人が、著者となって渾身《こんしん》の力をぶつけた作品もあります。もちろん玉石混淆《ぎょくせきこんこう》、つまりピンキリの部分もあって、よい本をみつける感覚を研《と》ぎ澄《す》ましていくことも、読書の習慣を身につける過程《かてい》では重要です。ただ、忙しくても、仕事があっても、本を読むことはできます。

そして、本を楽しみながら読む習慣が身につき、それを継続させていくと、**「記憶力」を高め、「思考力」に磨《みが》きをかける読み方**もできるようになり、**仕事や学びに活《い》かす**ことができます。

読書の習慣がない人には、本書がそのきっかけになれば嬉《うれ》しく思います。すでに本を読む習慣がある方には、本書が漠然《ばくぜん》とした読書から一歩先を行く「**意識的な読み方**」を身につけるヒントになれば幸《さいわ》いです。

追伸《ついしん》：この文章は、２０１０年代最後の大晦日《おおみそか》の夜に書きました。

２０１９年12月31日

木《き》山《やま》泰《ひろ》嗣《つぐ》

「記憶力」と「思考力」を高める読書の技術◉目次

第1章 なんのために読むのか？

第2章

「記憶力」を高める読書の技術

第3章 「思考力」を高める読書の技術

第4章

「楽しむ読書」を習慣化する方法

第5章 読書を楽しむ工夫、読書に飽《あ》きない工夫

カバーデザイン／竹内雄二
本文DTP／一企画

第1章

なんのために読むのか？

1

「義務感」「速読」「効率」の呪縛《じゅばく》が読書を遠ざける

☑ 読書の効用《こうよう》

本を読むことから得られるメリットには、膨大《ぼうだい》なものがあると思っています。

まずは、純粋《じゅんすい》に文章を読む力、いわゆる「**読解力**《どっかいりょく》」が向上します。日本人学生の読解力が世界ランキングで低下したというニュースが、２０１９年にありました。読み解く力は「受験」や「資格試験」でも重要であり、また社会に出てからもおそらく、どの分野でも活躍するための鍵《かぎ》になります。なぜかというと、読み解く力は、書き手が伝達しようとした内容を理解し、それを記憶する力でもあるからです。

多くの人は、他者が伝達したい内容を正確に理解することができません。あるいは、理解しようとしません。なぜなら、自分の価値観で、あるいは、自分の主観で、「この人はきっと、またこういうことをいいたいんだろう」などと邪推《じゃすい》しながらみるからです。その意味で、文章に表れた情報を、まずは正確に理解する力は重要だと思います。これは、文章化された言語《げんご》を読み取る場面では「読解力」となりますが、人の話を聞く場合には「**傾**《けい》**聴力**《ちょう》」（耳を傾けて、その人が伝えたい内容を正確に聴き取る力）となって表れます。

ということは、上司の話、先輩の話、取引先の話、顧客《こきゃく》の話、専門家の話を、ふだん正確に理解できないと感じている方は、まずは言語化された文字情報を、時間をかけてでもよいので「読むトレーニング」を積む。そのことが、じつは有益《ゆうえき》だといえます。つまり、読書を通じて「読解力」を養《やしな》うことで、さまざまなメリットが得られるのです。

具体的には、日常的にメールや資料など、仕事で読み取ることが必要な情報を、短時間で正確に読めるようになるでしょう。それだけでなく、上司や部下やクライアントから耳で聞くリアルな話も短時間で正確に理解できるようになるでしょう。そんなメリットが、じつは読書にはあるのです。

こうした「読解力」を手にすることができる読書の効用には、ほかに「**記憶力**」と「**思考力**」も挙げられます。もちろん、ほかにもあるのですが、本書のテーマは、〝**読書を仕事や学びに活**《い》**かす**〟（15ページ参照）ですので、この2つを強調しておきたいと思います。

☑ 記憶力と読書

記憶力とは、ほかならぬ、得た情報を頭の中にとどめておく力です。

受験勉強では、「第二次世界大戦が終結したのは1945年で、東京オリンピックが開催されたのは1964年です」というように起きた事象について、その年（年号）を結びつけて覚える力があると、日本史などの暗記科目《あんきかもく》では得点を稼《かせ》ぐことができます。

わたしは、もともと数字の記憶については、語呂合《ごろあ》わせなどを要せず、目で文字をみるだけでさっと覚えることができるタイプでした。そのため、大学受験では浪人をしましたが、高校時代に日本史の期末試験で100点をとったこともありました。その一方で、数学や理系科目の成績がとても悪かったのです。唯一、高校の成績で10（10段階評価）をとることができたのが、高校3年生の日本史でした。そして大学受験では、私大文系の難関校を目指していたので、教科書3冊分くらいの日本史の数字はほぼすべて記憶しました。そのため、浪人時代の日本史の偏差値は常に70を超え、ときには75くらいだったこともあります。

大学受験を終えたのが1994年ですが、それから25年たったいまでも、かなりの年号を記憶しています。また、歴史に限らず、自分の人生の出来事《できごと》もほとんど年号で記憶していて、趣味で観戦・応援が好きなプロ野球についても、「1998年10月8日に横浜ベイスターズが38年ぶりに優勝した。それから22年たった今年こそ優勝してほしい」と、何もみないで正確な数字で話すことができます。

なお、わたしの子どもは小学生ですが、幼少期から数字と西暦を使ってわたしは語り続けてきました。そのためか、わたし以上にプロ野球でも日本史でも西暦の記憶が正確です。わたしたち親子は西暦を使って日常会話をしています。大学のキャンパスに小学生の子どもを連れてきたときに「この建物は1959年ごろに建てられたらしい」と説明をしたら、「1959年といえば、元大洋の屋鋪要《やしきかなめ》が生まれた年だよ」と返すのですが、このような年号を使った会話は日常的です。記憶力がよいので、子どもから間違いを指摘されることもあります。

西暦の話をしましたが、記憶すべき対象は、「5W1H《ごダブリュいちエイチ》」が基本です。いつ（When）、誰が（Who）、どこで（Where）、なにを（What）、どのようにしたのか（How）。それを、なぜ（Why）、という理由つきで覚えるのです。このように、「覚える」というと、「丸暗《まるあん》記《き》する＝暗記をする」という態勢になる人が、学生時代から多いように思います。でも、そうではありません。記憶というのは、体験を整理しておき、それをときどき思い返して確認し、整理した内容を強固《きょうこ》にしながら、会話をするときや物事《ものごと》を考えるときに、必要に応じてそれを表現し、あるいは出力《しゅつりょく》する技術だと、わたしは思っています。

丸暗記したことは、時間が経《た》つと丸々忘れてしまうものです。しかし、「自分が大学生のときに彼女とはじめてデートした」という事実は、体験です。これを数字も含《ふく》めて整理しておけば、「わたしが、はじめてデートをしたのは1994年で大学1年生のときである。それはクラスの女子から、スペイン語の授業の後に『ねえ、神宮球場のチケットがあるんだけど、木山君、ベイスターズ好きだよね。よかったら行かない？』と誘われたからだった。ナイターで神宮球場のレフト側《がわ》の横浜ベイスターズの応援席に座り、ヤクルトスワローズ対横浜ベイスターズのプロ野球の試合を観戦した。それが生まれてはじめてのデートだった」というふうに、体験を呼び起こすことができます。

しかし、このように記憶するためには、ただ、「女の子と野球をみにいった」という漠《ばく》然《ぜん》とした情報ではなく、その年がいつだったのか（When）、球場はどこだったのか（Where）、そして、「どこ」についても、その球場のどのあたりの席で……というふうに、そもそもディテールを把握しながら体験していることが前提になります。

こうした詳細な「事実」の記憶が前提になって、そこに「感情」（感想）が加わった淡い（苦い）体験、例えば先ほどのデートの場合は「ナイターだったのだけど、どのタイミングでご飯を食べていいのかがわらかなくて困った」というディテールの記憶も引き出すことができます。

そして、「若かったなあ」という、年配者のような感想も出てきますが、その「感想」だけの人と、前提としてのディテールの記憶が即座《そくざ》にアウトプットできる人とを比《くら》べると、仕事の質も、会話の充実度も変わってきます。なぜなら、そのような「1994年」という年号を出して会話をした場合、同じように「1994年」を理解している相手であれば、「その年ってヤクルトの三塁手《サード》のレギュラーはハウエルでしたよね?」とか、「野村監督でヤクルトが強かった時代ですよね」という内容のある会話もそのままできるからです。

このような「**記憶力**」を培《つちか》うためには、5W1Hを意識して体験するということになりますが、体験には映像はあっても、文字情報は通常ありません。これに対して、読書をすると、逆に映像がなくて文字情報だけがあります。いわば、日常の体験と真逆の状態になります。

この記憶力が、読書の効用の1つといえます。つまり、日常では「映像」体験だけをするにもかかわらず、「文字情報」も得ていく人がいるわけですが、それは読書をしているかどうかに関係している、ということです。なぜかといえば、読書をするときには逆に「文字情報」だけから、映像をイメージし、そこで物事を考えているからです。

つまり、読書をする人ほど、映像しか体験できないはずの日常に、自身で文字情報も加えながらセットで体験に味付《あじつ》けをしていくので、それで自然と「それは1994年だった」「それはレフト側の横浜の応援席だった」というように、文字情報も添《そ》えることができるのです。

☑ 思考力と読書

同時に、こうした文字情報を使って、人は「**考える**」ことができます。体験という映像情報だけで「**思考**」することは難しいものです。体験を言語化したり、それを別の言語化した体験と結びつけたり、比較したりすることで、人は思考するのです。

読書から得られるもう1つの大きな効用は、この「**思考力**」ということになります。いまの試験は、大学入試改革によっていろいろ問題提起もされていますが、小学生から大学生まで基本的には「知識」重視から「思考力」重視に変わっています。

しかし、思考をするためには、思考をするための「情報」が必要です。これまでは、この情報をまずは「記憶」することができる人が優秀とされていたのですが、ネットで検索《けんさく》すれば即座《そくざ》に情報を得られる時代になったいま、そうした情報の記憶ではなく、与えられた大量の情報をみて、それを処理して「思考」できる人が、入試でも評価される試験に変わりつつあります。

しかし、忘れてはならないのは、そもそも事実を5W1Hで正確に把握して記憶する力のある人は、自《おの》ずと日常的にそれを使って、物事を「思考」している、ということです。

ということは、記憶しようとする事実が多い人のほうが、現実には「思考力」も高くなるはずなのです。そう考えると、古くから「まずは暗記せよ」という教育がされてきたのも、意味があると思えます。つまり、「記憶力」と「思考力」は切り離されて、お互いに独立して存在するものではなく、また一方《いっぽう》があればよいというものではなく、両者は相互《そうご》に結びつくことで、試験でも社会でも「大きな力」になっているのです。

わたしは浪人をしましたし、大学に入ってからも必修科目の単位を落としました。また、司法試験に3回不合格になりましたし、司法試験合格後の司法修習でも劣等感をもちました。しかし、結果をみると、偏差値70以上の難関私立大学に合格し、合格率2％の司法試験にも合格して弁護士になることができました。弁護士時代には、勝訴《しょうそ》率が10％を割る税務訴訟《ぜいむそしょう》という国税庁と戦う難しい裁判でも勝訴判決《はんけつ》を多くもらいました。

さらに、弁護士5年目の2008年（33歳）の3月から本を出版するようになり、現在の著書は50冊以上となっています。2015年に大学教員に転身し、いまは税法研究者としては1年に毎年2、3本以上の研究論文を公表しています。

なぜ、これらのことが実現できたかと改めて考えてみますと、**「記憶力」をベースにした「思考力」**を活用していたからだと思います。こうした技術を養《やしな》ってくれるのは、読書です。

読書は、はかり知れない力を、わたしたちにもたらしてくれます。あなたも、この本を手に取られたということは、おそらく直観《ちょっかん》で、そのメリットを感じ取られていたからです。

☑ 自由で気ままに楽しみながら読めばいい

しかし、こうしたメリットがあるにもかかわらず、読書をする人は少ないのが実際のようです。それは、読書感想文を義務で書かせられたり、あるいは巷《ちまた》にある読書に関連する、これまでの本の多くのテーマが「速読」だったように、「本は速く効率的に読むことが求められる」という誤解をしていたりする人が多いからだと思います。

読書は、あなたに大きな力を与えてくれますが、義務でするものではありません。また、「わたしは30分で読み終わった。あなたは3時間もかかったの？」と非難されるものでもありません。なぜなら、読書は極めて個人的なものだからです。

毎日の食事のように、あるいはカフェでスイーツを食べながら紅茶を飲んだり、ゆったりとホテルのラウンジでアフタヌーンティーを楽しんだり、スタバ（スターバックスコーヒー）でYouTubeの動画をスマホの画面でみながらコーヒーを飲むように、自由で気ままに、好きなときに楽しみながら読むのが読書です。

そう考えていただけると、読書の堅《かた》いイメージから解放されるのではないでしょうか。読む本も、他人に強制されたり、薦《すす》められたり、そんなことはありません。どんなにやさしい内容でも、どんなに変わった内容でも、どんなにエッチな内容であっても、興味があるものを自由に選んで読めばよいのです。

人に報告することも不要《ふよう》ですし、読んでいる本の内容を他人からチェックされる必要もありません。いわば誰にも知られずに、ひっそりとこっそりと、好きなものを好きなときに、自由に読む。それだけです。

それだけのことですが、本書でこれからお話しすることなどを意識して読むと、読書からは「記憶力」と「思考力」という、勉強にも仕事にも役立つ「大きな力」が得られます。これは自ら、本を選び、時間を投入して読んだ人だけに与えられるギフト(プレゼント)だと思います。読書には、ご褒美《ほうび》があるんですね。

2

自分の「好奇心」を引き出して楽しみながら読む

☑ 読書のきっかけ

読書の原動力になるのは、あなたの「好奇心」です。あなたが、いま興味のあるものは何でしょうか?

それは、社会問題かもしれませんし、歴史かもしれません。好きな映画やアニメの監督や原作者かもしれませんし、アイドルや女優さんやパティシエかもしれません。仕事に使う技術や簿記会計《ぼきかいけい》や英語かもしれません。あるいは、周囲に気になる人がいて、恋愛や不倫などの人間の根源的《こんげんてき》な欲求のメカニズムに興味が向いている時期なのかもしれません。

何でも構わないのですが、このようにあなたが日常生活を過ごすなかで興味関心をもつものはたくさんあると思います。それらについて解説した本は、必ずといっていいほど存在します。

そのとき、社会問題や歴史であれば、ハードカバーで小さな字で埋《う》め尽《つ》くされた専門書もあるでしょうし、それらの知識を一般向けにわかりやすく解説したビジネス書や新書《しんしょ》もあると思います。

例えば、LGBTについて知りたい、日韓問題について知りたい、というきっかけで、その興味関心の赴《おもむ》くままにネットで情報を得たり、新聞や雑誌を読んだりして、その過程《かてい》で、今度はその歴史を深く知りたいという気持ちも芽生《めば》えてくると思います。

そうした歴史が整理された本もあるでしょうから、その本を読めば興味のある分野の歴史を学ぶことができるでしょう。ラグビーワールドカップの日本の活躍をみて「にわかファン」になった人は、コアなファンであればスラスラ語れるようなこれまでの日本ラグビーの歴史や、世界ラグビーの歴史はわからないでしょう。ネットで調べれば基本情報はもちろん得られると思いますが、本を読めばそれをストーリーとして、いわば映像・体験がイメージできるような文字情報を得ることができます。

☑ 読みたいものを読めばいい

結婚して数年してから、これまで浮気などしたことはなかったのに、別の異性に興味をもってしまい、その衝動《しょうどう》をどうしても抑《おさ》えられない、あるいは職場の女性とよい関係になってしまった、というような人は「不倫はいけない。ダメだ」と思う社会規範との抵触《ていしょく》を考え悩む前に、それを扱った小説を読んでみたらいかがでしょうか。

この分野では**『男というもの』**（中公文庫）という本も執筆されている、**渡辺淳一**《わたなべじゅんいち》のさまざまな小説があります。渡辺淳一は、わたしも好きな作家なのですが、現実の体験を小説に昇華《しょうか》させてきた稀有《けう》な男女小説の第一人者です。ご自身の体験が伴《ともな》えば、「わかる。わかる」「自分だけではないのか。こういう感情や苦しさは」と共感しながら、物語の世界にハマるかもしれません。

このように、本は人から強制されたり、勧められたりして読むものではなく、**読みたいものを読めばいい**のです。この点で、書店で買うのは、レジの店員さんに自分の心の内をみすかされそうで恥ずかしいと感じる人でも、いまはAmazon《アマゾン》などのネット販売で簡単に本を手に入れることができますから、恥ずかしさを感じずに読書がしやすい環境になったといえます。

不倫や恋愛を例に出したのは、人は本当に興味関心をもつことには、多くの場合「恥ずかしい」という感情を伴うものだからです。しかし、それをテーマにした小説や本を読めば、それらが恥ずかしいことではなく、膨大《ぼうだい》な他人の体験（フィクションも含《ふく》みます）や知識を得られることに気づきます。

このように、どんなことでも（あなたが恥ずかしいと思うことだとしても）人類の長い

『男というもの』
渡辺淳一（わたなべ じゅんいち）、中公文庫、2001年

削ぎ落とされた独特の文体で、数々の恋愛小説を綴り、2014年に他界した作家によるエッセイ。札幌から東京に出て、整形外科医から専業作家になる過程を描いた隠れた名作『白夜（びゃくや）』もおススメですが、医師であり恋愛の達人でもある著者の男性論である本書は男性を知りたい女性も必読？

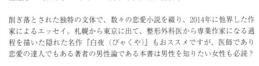

歴史のなかでは、それをすでに体験し尽《つ》くした人が大勢いて、それを研究している人も多数いて、それらをまとめた本も数多く存在しているはずです。

あなたが恥ずかしいと感じることの多くは、いまのあなたが知らないことです。未知《みち》のものに、人は恐《おそ》れを感じます。恐《こわ》いと思うと、近づかないように避けるのが人間の本能ですし、恥ずかしいと感じる羞恥心《しゅうちしん》も、そのことを深く学ぶことを阻《はば》む要因《よういん》になります。

しかし、そのような心の壁《かべ》を超えて、読書をすることで、それらは決して恥ずかしいことでも恐《こわ》いことでもなかったことに気づかされるでしょう。これは、健康のことや病気のこと、またお金のことなどでも当てはまることが多いと思います。

自分が興味関心をもっていることは、心が引き寄せていることで、そう簡単には心から離れていきません。言い換えれば、興味関心のあることは、あなた自身が無意識で「読書」を求めているサインなのです。

3 リサーチと読書の違い

読書というのは、文字どおり「書《しょ》を読む」ということです。書物を読むという語感からすると、従来《じゅうらい》の読書は紙の書籍を読むことでしたが、電子書籍が一般化した現在ではそれも当然ながら読書に含まれると思います（ただし、わたしは電子書籍を購入《こうにゅう》して読んだことがありません。自分の本で電子書籍化されているものも多くありますが、自著《じちょ》ですら電《でん》子媒体《ばいたい》で読んだことがありません）。

いずれにせよ、現代では、紙と電子を分ける必要はないと思います。一方で、読書と分けて考えるかどうか悩むものとしては、リサーチが挙げられます。

わたしなどのように研究をしている人の場合、論文を日常的に大量に読みます。法学研究の場合は、これに加えて判例《はんれい》も大量に読みます。また、学術書（体系書《たいけいしょ》）も常時《じょうじ》読んでいます。これらも書を読むという意味では、人が書いた文章を読むわけですから、広い意味では読書になるのだと思います。

ただ、わたしの考える読書には、リサーチの対象となる資料、論文、判例、文献《ぶんけん》などの読み込みは含まれません。なぜなら、前述《ぜんじゅつ》したように読書というのは、自由きままに好きなように、自分の純粋《じゅんすい》な好奇心の赴《おもむ》くままに楽しむものだと思っているからです。

もちろん、仕事で必要な文章や資料や文献も、熱心に専門的に取り組まれている人は、「知的好奇心がある」とおっしゃるかもしれません。

しかし、あくまで仕事で必要になるために読むものは、基本的にはそれは業務の一環《いっかん》であり、また学生がレポートや卒論を作成するために図書館で調べて必要な箇所《かしょ》を必要な限度で読み取る文献の読み込みも、あくまでリサーチ（調査）の対象にすぎないと、わたしは考えています。

そして、電子書籍を読まないわたしも、大学・大学院の研究・教育において日々読み込む文献は、データベースを活用したオンライン上のものであることも多いです。これらは、わたしのなかでは「リサーチ」であり、「読書」には分類されません。

4 受験勉強と読書の違い

☑ 大人になってから読み始めてもいい

わたし自身、司法試験の受験時代はほとんど本を読む時間がなく、実際に本を読んだ記憶がありません。それは、司法試験受験のための予備校に通い始めた大学3年生の4月（ダブルスクールです）から大学卒業後の司法試験に合格するまでの約5年半の期間（司法試験を4回受験しました）に該当《がいとう》しますが、本を読む時間はまったくありませんでした。

しかし、その期間は365日、法律書を読み、判例を読み、条文《じょうぶん》を読み、問題集を読み……というように、専門的な文章を読み続ける毎日でした。これは、読書でもリサーチ（仕事）でもなくて、資格試験のための勉強です。学生が学校の教科書を読んだり、家で参考書を読んで勉強したりする場合、それを人は読書とはいわないでしょう。

このような観点でいえば、わたしは弁護士になるまで、ほとんど本を読むことがなかった、実際には読書をする時間がなかったということになります。しかし、その間、大量の文章は勉強のために読み続けていました。

これに対して、わたしが大量に読書をするようになったのは弁護士になってからで、具体的には30歳を過ぎてからです。思い返してみれば、生まれたころから幼稚園、そして小学校低学年のころまでは毎晩、寝る前に母親が絵本を読んでくれており、幼少期は絵本が大好きでした。家にあった絵本の数はものすごい量だったと思います。

時計の読み方も、幼稚園に通っていたときに、時計の読み方を教える絵本を読んで学びました。デジタル時計ではなく、アナログ時計ですね。あの長針《ちょうしん》と短針《たんしん》による時刻の読み方を、わたしは小学校に入る前の幼稚園時代に絵本でマスターしたのです。そのときの感動を、いまでもよく覚えています。

また、わたしの小学校時代には「週刊少年ジャンプ」が大流行していましたから、とにかく漫画ばかり読んでいました。さらに、小学校3年生のころに任天堂《にんてんどう》のファミコン（ファミリーコンピュータ）が発売されて大ブームになりましたので、ゲームばかりやっていました。

ここで、漫画とゲームについて詳《くわ》しく述べることは、本書のテーマから外《はず》れるため控《ひか》えますが、ものすごい量のファミコン用ゲームソフトをわたしは所有していましたし、ファミマガと呼ばれたファミコン用ゲームソフトの月刊誌も愛読していました。また、「週刊少年ジャンプ」を読み、さまざまな漫画をコミックスで買って読んでいました。

そういう世代なので、いわゆる作家の人たちが小さいころから小説や文学を読み漁《あさ》っていたというような状況ではまったくないのですが、手近《てぢか》な本には興味をもっており、江戸川乱歩《えどがわらんぽ》の『怪人二十一面相《かいじんにじゅういちめんそう》』シリーズや『マガーク少年探偵団《たんていだん》』など探偵物《もの》の児童書の翻訳本も全巻購入して読みました（当時発売されていたものに限りますが）。また、『ズッコケ3人組』シリーズも大好きで、当時発売されていたものは全シリーズ読みました。

しかし、世界文学や夏目漱石《なつめそうせき》などの小説を、小学校時代や中学校時代に読んだ記憶はありません。これらを小学生のころに図書館に通って読み漁る人が、わたしは読書家だと思っていました。

よく、「子どものころに読書をしないと、大人になってからはもう無理だ」というようなことをいう人がいますが、わたしは30代になってから、ようやく本を読むようになりました。弁護士の仕事をしてかなり忙しかったのですが、それでも**年間に400冊以上を読むことを10年程度続けました。**

5年前に大学教員に転身して研究者として論文・判例を大量に読むようになり、また大学・大学院の授業や教育、学内行政で極めて多忙《たぼう》になってしまったため、いまは年間で100冊も読めなくなってしまいました。

しかし、30代に大量に本を読み続けた経験により、わたしは「**読書の魅力**」を語れるようになったと自負しています。同時に、読み始めるのに遅いということは決してないと、これまで読書経験の少なかったあなたに対しても自信をもっていえます。

☑ 読書と受験勉強はまったく別もの

わたしの場合、まず高校時代には夏休みに夏目漱石や太宰治《だざいおさむ》などの有名な文豪《ぶんごう》の文学作品は文庫で読んだりしましたし、興味をもった思想書などを図書館で借りて読んだりもしていました。本をまったく読んでいなかったというわけではありませんが、どこの高校生でも読む程度の量でしかなかったのです。

大学時代は時間がありましたので、面白そうな本は読んでいました。これも大《たい》した量ではなく、1年に10冊読むか読まないかくらいの読書量でした。ただ、大学時代は辻仁成《つじひとなり》の小説が好きでほとんど読みました（芥川賞《あくたがわしょう》を受賞されたときには、渋谷のパルコブックセンターに行き、サインをもらうほど愛読していました）。

しかし、司法試験の勉強をはじめると、まったく読む時間がなくなります。司法試験の受験勉強で5年半を費《つい》やし、その後も司法修習で1年半を過ごし、その両者の間には半年あるため、大学3年生からの約7年半は、ほとんど本を読むことができませんでした。

こうして長い受験勉強をしていた時代がわたしにはあるのですが、もしかしたら読者のあなたは、「十分に本を読んでいるではないか?」と思われたかもしれません。しかし、これまで述べたように、わたしが司法試験に合格して弁護士になるまでの読書量は、ごく普通の人程度か、それ以下でした。

また、司法試験の受験で分厚《ぶあつ》い六法全書や法律書、さらには判例を読み込んでいたのだから、読書をしていたのと同じではないかと思われる人もいるかもしれませんが、それもまったく違います。なぜかといえば、受験勉強というのは、あくまで問題に答えるためのトレーニングだからです。それは、5W1Hでストーリーを追うような読書とはまったく違います。極めてシステマチックに論点や判例を細切《こまぎ》れに法的に理解して整理して記憶することの繰り返しです。

わたしが司法試験に合格してから、何よりまずいと思ったのは、文章を読むのがとても遅いことでした。仕事として大量の資料を読み込み、さまざまな事件を同時並行《どうじへいこう》でこなす業務に携《たずさ》わることになったにもかかわらずです。読書体験が貧弱《ひんじゃく》だったため、人より資料を読むのが極めて遅く、また理解をするのも時間が長くかかってしまう。これが、受験勉強でシステマチックに法的知識を記憶してきたわたしの当時のコンプレックスでした。

司法修習時代に体験したことなのですが、100ページ近い「白表紙《しらびょうし》」と呼ばれる過去の裁判事件を加工した資料をボンと渡されて、午前10時から午後5時ごろまでにそれを読んだうえで、判決文や準備書面などの裁判の書類を起案《きあん》（文書を作成）するのですが、わたしはそれを読むだけで大量の時間がかかってしまい、読み終わったら午後4時になっていました。残りの1時間で文書を書くことなどほとんどできませんでした。

優秀な同期は、早く終わって午後3時過ぎくらいには教室を出てしまうのです。しかも、その同期は早く終えているのにもかかわらず、優秀起案で、指導教官からほめられたり、評価されたりしていました。わたしはというと、毎回、評価が悪かった下位5％くらいの人に貼《は》られる「付箋《ふせん》」が提出した起案に貼られて返却されてきました。つまり、70人くらいのクラスで底辺《ていへん》の成績だったということです。その原因は、読書体験のなさに起因《きいん》する「文章読解の遅さ」でした。

そして、遅いだけでなく、ゆっくり読んでも内容を正確に把握することができないという状態でした。そんな状態だったため、わたしは弁護士としてやっていけるのか、とても不安な毎日を過ごしていました。それは、弁護士になってからも、特になり立ての新人のころに、なかなか消えないコンプレックスだったのです。

少しわたしの過去の話が長くなりましたが、このように**司法試験レベルの受験勉強ですら、読書といえるレベルのものにはならない**ということです。

5

本当の「読書の習慣」の効能《こうのう》

☑膨大《ぼうだい》な資料を速くスラスラ読める人の共通点《きょうつうてん》

先ほどは司法修習生だった当時の話をしましたが、わたしが資料の読み込みに時間がかかりすぎて、かつ正確に読み取ることもできないことの原因が「読書体験の貧弱《ひんじゃく》さ」にあったと気づくのには、それなりに時間もかかりました。

そのことに気づいたのは、速くスラスラ読める人にコツをたずねたら、「本は読まないの?」とか「本を読む感じで読めば普通に読めるよ」という回答ばかりされたからです。そうした回答をもらうと、わたしは「そうか、自分は本を読んでこなかったよな」「大人になって、いまさら読書をするわけにもいかないし、速読術でもマスターしないと無理かもしれない」「正直、もう手遅れだ」と思いました。

しかし、弁護士になってから年間400冊以上の読書を継続することで、少しずつですが読むスピードが速くなり、また同時に情報をかなり正確に得られるようになったのです。

それがいつからかは覚えていませんが、ある瞬間になったというより、徐々《じょじょ》に速く読めるようになり、インプットした情報も正確になっていったと思います。

こうしていまでは、はじめて読む長い判例でも、カフェでコーヒーを飲みながら、くつろいで、30分もあれば第1審《だいいっしん》、控訴審《こうそしん》、上告審《じょうこくしん》のすべてを読むことができ、しかも事例も論点もポイントもさっとわかってしまうほど、読解力は向上しました。

その読解力は、読む速さだけでなく、読んだ内容も正確に覚えてしまう記憶力も備えています。学生を相手にしているからかもしれませんが（ただし、社会人の大学院生にも日々多く接しています）、判例を読むスピードも理解度も記憶の正確さも、（わたしのまわりの）誰にも負ける気がしません。それくらい、文章を読んで瞬時《しゅんじ》に理解する力がいつの間にか身についたのです。

それは何が原因だったのかと問われれば、それまで自分になかった「読書の習慣」だと、はっきりと断言することができます。

☑ 本は速読するものではない

読書の効能はさまざまあるのですが、このように、小説を読むのが速くなるとか、速読で1日に10冊も読めるとか、そういう眉唾《まゆつば》のことではなくて、読書を習慣にしていると、

仕事に関する読むべき資料を速く、そして正確に読めるようになるのです。

わたしは読書については、現在でも〝ゆっくり読む派〟で、特に小説は時間をかけて味《あじ》わいます。いわゆる速読でビジネス書を何冊も読む、などという意味のわからないことはしませんし、できません。わたしは、「えっ、本を読むときに速読なんて本当にできるのですか?」と、いつも思っている「**アンチ速読派**」です。

しかし、読書の効能には、読解力と読むスピードの向上が、たしかにあります。これは、そうした目的のために読書を強制的にすることで得られるものではなく、**根気《こんき》よく、楽しく、ゆっくり読む読書を継続することによって、副次的《ふくじてき》にしかし確実に得られる読解力**だといえます。そこから、「思考力」と「記憶力」が鍛《きた》えられることになります。

ちなみに、「ゆっくり読む」というのは精読《せいどく》を意味します。文の1つひとつにこだわりながら、ときに突っ込みを入れながら、そして面白ければ、何回でも読むことです。それで、その本のいいたいことは「こんなことかなあ」と迫《せま》っていくのです。目を小刻《こきざ》みに動かして、瞬時《しゅんじ》に情報を読み取るような技術ではなく、地道《じみち》な読み込みを繰り返すイメージです。

6 「本がもつ価値」は自分で発掘《はっくつ》する

☑「読みたい本」はいつでも、どこでも読める

さまざまな効用《こうよう》のある読書ですが、わたしは文章を速く読めるようになるためだけに本を読んだというわけではありません。長期的スパンで過去に遡《さかのぼ》って振り返ったときに、結果的に読書の習慣を30代になってからつくったことで、仕事で文章を読むのも自然に速くなり、正確に読み取れるようになったのです。

わたしが続けていた読書は、法律に関連するものだけではありません。自由きままな興味関心のあるもの、好きな文章を書く作家、面白い切《き》り口《くち》の本を書く著者《ちょしゃ》、心の琴線《きんせん》に刺《さ》さる物語を紡《つむ》ぐ小説家などの本を「読み漁《あさ》る」というものです。

「弁護士の仕事をしながら本を読むなんて、大変ではないか」と思うかもしれません。しかし、通勤の往復《おうふく》の電車の時間（ホームで待つ時間も含《ふく》みます）、お昼休みの時間、仕事が終わった後の時間（家に直帰《ちょっき》はせずに、必ずどこかのカフェに立ち寄って、1時間以

上の読書をしてから帰宅していました)、さらに帰宅してからの夜の寝るまでの時間などを使って、毎日細切《こまぎ》れですが、本を習慣的に読んでいました。これで、1日数時間以上の読書ができました。さらに、土日は基本的には休みだったので、平日以上に長時間の読書をすることができました。

わたしは休みの日にどこか遠くへ出かけるということはしないので、もう15年近くですが、土日などの休日は、家の近くにある行きつけのタリーズ(タリーズコーヒー)にまず行き、そこで1時間から2時間くらいコーヒーを飲みながら読書をしています。その後も、カフェの梯子《はしご》をしたり、大きな書店のある神保町《じんぼうちょう》や新宿や東京駅周辺(丸の内、八重洲《やえす》、大手町《おおてまち》など)に行ったりしますが、その移動の電車の中でも、また書店で本を買った後に立ち寄る近くのカフェでも、本を読み続けます。

本を読まない人は、日常生活の中で本を読むことは難しいと思うでしょう。でも実際に、わたしはそういう生活を15年近く続けています。普通にできています。ただし、このような読書を習慣として続けるためには、趣味として誰からも強制されることなく、むしろ誰にもみられたくないくらいのこっそりとした感覚で、**「読みたいものをただ読む」という読書を習慣にすることが重要**になると思います。

なぜかといえば、他人から強制されたり、仕事に必要だからと無理に読んだりするような姿勢《しせい》では、それは苦痛になるので長続きはしませんし、できれば読みたくないと思うようでは、疲れているときはまず読まなくなるからです。

わたしは現在、勤務先の大学へ電車で通勤していますが、往復の通勤時間には、論文などの自分の書いた原稿《げんこう》をプリントアウトしたものを読んでいます。そのような書き物がないときは、「やったー。本が読める！」と嬉《うれ》しくなって、本を読みます。カバンの中にはどんなときでも、本が最低2冊以上入っています。休日は10冊近くをカバンに入れてカフェめぐりをします。そのなかで気分に合うものを自由に読みます。

そのようなとき、読み終わるか読み終わらないかなど気にしませんし、複数の小説を併《へい》読《どく》することもありますが、感想文を書いたりするような面倒《めんどう》なことは、もちろん一切《いっさい》しません。1週間に何冊以上読むなどのノルマなども一切課《か》しません。そんなノルマをつけたりしたら、きっと雑に読んでしまうからです。

読書がテーマの本書に書くことすらはばかられるくらい、**単純にわたしの人生の楽しみが読書**なのです。そして、そのようなスタンスで読む本というのは、まったく自分の自由に選択することになります。読んだ本について人に話すということもしません。読書は極めて個人的な作業だと考えており、むしろ何を読んだかを人に知られたいとすら思わないからです。

ただし、わたしは週末に子どもと一緒にカフェに行きます。何も話さずにひたすら本を読んでいますが（子どもが2、3歳のころからずっと同じスタイルです）、外を歩くときは、自分がそのときにカフェで読んだ本の話を子どもにしたりします。わたしは村上春樹《むらかみはるき》の小説を愛読しているのですが、短編を読んでいるときなどは「いま、こんな物語を読んだんだよね」といって、ストーリーを子どもに聞かせます。

すると、「それで、どうなったの？」「そうなんだ。変だね、その渡辺昇《わたなべのぼる》って人」「また出てきたの？　渡辺昇って人？」などと反応があるので、ほかの本を読んで知り得たエピソードを踏まえて「渡辺昇って人物は、村上春樹の本ではたくさん出てくるんだよ。例えば……」といって、登場する本を次から次へと並《なら》べて、「この渡辺昇って名前ね、数年前に亡くなった安西水丸《あんざいみずまる》さんという村上春樹の本の絵を書いていたイラストレーターの本名《ほんみょう》なんだって」と説明を加えます。そうすると、「なんだ。本名をバラしちゃってるじゃん。せっかく安西水丸にしたのに」と返ってくる。そんな会話をします。

こんなふうに、わたしの場合は子どもには本のことを話しますが、それは極めて身近な存在だからです。あとは村上春樹好きの学生がいれば話すこともありますが、そのような機会は税法教員のわたしにはほとんどありません。しかし、読んだ本のことを他人に話したいとは思わないので、読書会などが仮にあったとしても行かないと思います。わたしは、人と群《む》れをなすことが苦手だからです。

というより、多くの仕事で時間がないなかで、すき間《ま》時間を至福《しふく》の趣味である読書にあてるため、その時間を他人に奪われたくないと思っています。また、本は小説に限らず、自分の知らない世界、例えば歴史や心理学、ビジネス、経済学、会計学、文学（小説以外では文芸評論）、作家のエッセイなど、いろいろなジャンルを読みますので、そのような読書の習慣がある人間からすると、人と話す時間よりも、本を一人でじっくり読むほうがはるかに正確で大量の情報を得ることができると感じています。

☑「読書の価値」の見つけ方

少し話がそれましたが、読書の価値は、あなたが独自《どくじ》にみつければよいということです。この本においても、読書の価値を決めつけるつもりはありません。じつに、さまざまな価値が読書にはあると思っているからです。

例えば、恋愛小説などを読めば、男女の機微《きび》や（自分とは異《こと》なる）異性の心理を自然と知ることができます。また、ドロドロとした経済小説などを読めば、仕事でふだん接している人たちも本音では何を考えているかわからないし、仕事以外では別の顔をもっていて当然であるとわかるようになります。つまり、小説を読むと、人間に対する理解が深くなるため、自《おの》ずと、日常生活で遭遇《そうぐう》する他人の見方《みかた》に厚《あつ》みが出てきます。それだけでも、小説を読む効能《こうのう》はあるでしょう。

しかし、繰り返しになりますが、それは副次的《ふくじてき》な効果であって、あくまで読書は読みたいものを自由に読むことが大切です。なぜなら、このような読書の効能が得られるのは、ただ面白いと思って本を読み続けた結果にすぎないからです。

わたしは村上春樹の小説はすべて読んでいますが、同じ小説を何度も何度も読んでいます。また、**松本清張《まつもとせいちょう》**の小説も好きで、多作《たさく》すぎるため全作《ぜんさく》は読めていませんが、200冊くらいは読んでいると思います。**渡辺淳一《わたなべじゅんいち》**の小説もほぼ全部読んでいます。三人とも長編《ちょうへん》も素晴らしい作家ですが、短編《たんぺん》になると天才的だと思っています。

このように、小説には長編と短編があることや、その間の中編的《ちゅうへんてき》なものがあること、そして、さまざまなジャンルがあることなども本を読んでいれば自然とわかります。

小説を読んだら、その後に二次資料としての評論やその作家のエッセイも読むと面白いです。好きな作家のものであれば興味津々《きょうみしんしん》で読めるはずです。周辺情報が広がっていくため、自分の頭の中で一人の作家をめぐる世界観がどんどん広がっていくでしょう。「定点《ていてん》観測《かんそく》」ともいいますが、自分の読書の軸《じく》になる**好きな作家の本を何冊も何冊も読む**。**そんな深掘《ふかぼり》り的な読書も、おススメです。**さまざまな作家の本を読むことも面白いと思いますが、一人の作家を深掘りしていくと、その軸でほかの作家や本を評価できるようになります。誰かに発表するわけでなくとも、自分の世界観が人にみられない心の奥で充実していきます。

「読書をする人は幅広《はばひろ》い仕事ができる」とか、「経営者や突出《とっしゅつ》したスポーツ選手などには読書家が多い」といわれます。読書は、その人の外からは見えない世界観を構築《こうちく》してくれます。また、仕事で深い悩みに直面する人や苦しい生活環境にある人は、読書を習慣にしていれば、日常的に本に救われると思います。

そういう意味で、自己啓発本《じこけいはつぼん》や人生論について記述された大御所《おおごしょ》の著名本（すでに亡くなっている人が生前に執筆したロングセラーの本でもよいです）なども、日本人に限らず外国人の翻訳本も含《ふく》めて読んでいると、自分の悩みや苦しみなどは、すでに過去の人たちも同じように直面していたものであることがわかり、悩みや苦しみの重さが少し軽くなるはずです。

また、そうした本から生き方のヒントや、社会生活を円滑《えんかつ》に送るための知恵を授《さず》かる機会に恵《めぐ》まれるでしょう。

7

速読とビジネス書

☑ビジネス書は小説よりも速く読める

ビジネス書は、最近それほど売れてはいないようですが、わたしが30代前半で本を大量に読み始めた（かつ自分も本を書くようになった）2008年ごろでは、隆盛《りゅうせい》を誇《ほこ》っていました。茂木健一郎《もぎけんいちろう》、勝間和代《かつまかずよ》、本田直之《ほんだなおゆき》などの手軽に読めるノウハウ本（仕事本）が流行《はや》っていました。

わたしも弁護士とはいえ、当時は、仕事のスタイルを確立できていたわけではなく、また年齢も社会人としての経験年数も若かったので、そうした本が発売されるたびに読んでいました。どうやって、自分の価値を高め、それをビジネス（仕事）に応用していくか、という視点が、それぞれの著者ごとに明確で、とても勉強になりました。

この手の本は意外と分厚い本もありますが、読んでいて思ったのは、慣れれば、どの本もかなりのスピードで読めるということでした。それは、小説や文学とは違い、多数の登場人物の名前や経歴を覚える必要もありません。主語は著者でしかありませんし、物語の展開を押さえておく必要もありません。端的《たんてき》にいえば、仕事をしている忙しい人がすき間時間に読めるようにつくられているからでした。わたしは、そのことを本のつくり手にもなりながら、また大量の読み手にもなりながら学んでいきました。

わたしは当時、「究極シリーズ」の1冊として『弁護士が書いた究極の読書術』（法学書院）を出版していたのですが、ネット上では速読サークルみたいなコミュニティがあるようで、「この本は○分で読めた」といった同書に関するコメントが掲載されたブログがありました。そういうブログをみると、ほかの「究極シリーズ」の本もよく取り上げられていました。わたしの本を速読して喜んでくれているようでしたが、わたし自身もその本は読者対象である忙しいビジネスパーソンが速読できるように心がけて書いていたものでした。こうして書き手としての経験を積みながらも、本を大量に（年間400冊以上）読むという読み手の読書生活を続けるうちに気がついたことがあります。

それは、「**ビジネス書は速読できるように書かれている**」ということです。また、ビジネス書は大量に読み続けることによって、どの分野においても古典的バイブルが（100年以上前の外国の本が多いのですが）存在していて、その内容が繰り返し書かれているということもわかってきました。これは、マーケティングでも、広告でも、コピーライティングでも、ロジカルシンキングでも、営業でも、お金の稼《かせ》ぎ方《かた》でも、心理学でも、細かくみるとさまざまな分野がありますが、それぞれに「鉄板《てっぱん》」（定番書）があるという点では同じでした。

☑本文を読まなくても本の要旨が予想できる理由

結局、1つの分野について大量に本を読むと、○○の法則《ほうそく》とか、○○という人物の格言《かくげん》とかエピソードなど、そういった基本的なことが頭に入ってきます。そうすると、その手の話が別の本で出たときには、既知《きち》の情報になっているため、飛ばし読みができます。これだけでも、自然に速読はできるでしょう。また、そもそもビジネス書は、本文の要旨が目次と小見出《こみだ》しに表れていることが多いので、その目次と小見出しを読めば、その部分の本文を読まないでも内容を想像することができるものです。

ただし、森博嗣《もりひろし》などのように異質《いしつ》の考え方をもっている著者の本をはじめて読む場合には、そうした想像は外《はず》れるでしょう。しかし、その「外れる」という予想外が、本好きの読者に喜ばれることもあります。なぜかといえば、本好きの読者はよくある話を何度も読んで飽《あ》きているので、予想もできない話のほうが新しく面白いと感じるからです。そうした自分にはない新しい価値観を提示《ていじ》してくれる著者の本が売れるのは当然です。しかし、そのような著者が書いた本を何冊も読んでしまうと、やはり目次や小見出しとタイトル（書名《しょめい》）から、その著者が書こうとすることは想像できるようになります。そうすれば、本文を読まなくても目次や小見出しとタイトルを読んだだけで、その本の要旨《ようし》を予想できるようになると思います。

「速読術」などをうたう本は、こうしたそもそも技術ではない部分をあたかも「魔法のような技術」に仕立てた本ではないかと思います。多くの読書好きの人はそのことを言わないだけで、みな知っていると思います。読書家は本を読んだ量が普通の人よりも圧倒的に多いため、好きな分野ならば、前述したような本文を読まなくても内容が予想できた経験をしているのです。

例えば、推理小説を好む読者層が世の中には一定数いますが、そういう人たちは驚くほど数多くの推理小説を日本のものも海外のものも含めて読んでいます。わたしの家内《かない》もそういう人間なのですが、ドラマなどをテレビでみていると、ほぼ確実に誰が犯人かも誰が次に悪役になるかも、すべていい当てます。

読書経験が貧弱だった、かつてのわたしは、それをみて「この人は天才なのではないか？」と錯覚《さっかく》したこともあったのですが（家内に怒られそうです）、自分が大量に本を読むようになって、その感覚と意味がわかりました。

☑東野圭吾《ひがしのけいご》や伊坂幸太郎《いさかこうたろう》が売れる理由

推理小説にも物語にも王道《おうどう》のパターンはすでにあって、多くの本はそれに依拠《いきょ》しているため、大量に読書をしている人にはほとんどの筋道《すじみち》がみえてしまうのです。たまにその筋道を裏切る本があると面白いわけですが、筋道を想像できない物語を紡げる人はなかなかいないでしょう。

その意味で、最近は読んでいないのですが、わたしが30代のころに発売されていた小説を全冊読みつくした**東野圭吾**などは、そのタイプの作家ではないかと思います。

だからこそ売れるのですが、まったく違うタイプで読めないストーリーと会話の妙味《みょうみ》を展開する**伊坂幸太郎**も、パターンに当てはまらないという意味では同じタイプの作家かもしれません。それゆえ、お二人とも、長期間にわたり売れ続け、ドラマ化や映画化される著書も多いのでしょう。

8 読書量を増やせば速読術はいらない

☑ 多くの人が速読術を身につけようとする理由

タイトルと目次をみて、その後にページをパラパラめくって小見出《こみだ》しを眺《なが》めるだけで頭に入るとか、1日に何十冊も読めるようになる、などという速読術は、楽しむ読書には有害でしかないと思います。

そうした速読術は、リサーチや仕事での資料の読み込みなどでは役に立つでしょう。しかし、自由で気ままにアフタヌーンティーを楽しむような「至福《しふく》の時間」を過ごす醍醐味《だいごみ》がある読書のはずなのに、そのような技術を駆使《くし》して必死に読むことに何か意味があるのでしょうか？

もちろん、人によって評価は分かれると思いますが、少なくともわたしには価値があるとは思えません。特に、物語の深さや文章の妙味に楽しさを覚える小説などについて、こうした技術を適用してその人は何を得ようとするのでしょうか？

「速読か遅読《ちどく》か」というテーマを扱った読書に関する本の近年の傾向をみると、後者を強調する本が増えていると思います。多くは小説家や作家による主張です。それはそうでしょう。そもそも、小説や物語を紡ぐ書き手が、速読したいと思うはずがないからです。

それでは、速読術を身につけようとする人は、なぜ本来楽しむ対象である本を速く読もうとするのでしょうか？

答えは簡単です。多くの人が、読書をしたいけど、時間がない。本を読みたいけど、苦手だという意識があるからでしょう。

☑忙しい人に知ってほしい読書のコツ

読書のコツをいうとすれば、速く読むための技術を学ぶのではなく、**読みたい本だけを多く読む**ことだと思います。それを繰り返していれば、前節《ぜんせつ》で述べた理由により、自然と読むスピードは速くなります。

ただし、「多く読み続ける」という地道な蓄積《ちくせき》、つまり長期間にわたり継続的に読書を行う習慣が必要になります。このときに、読者のみなさんが仕事などで忙しいことを前提にすると、読書は決して義務的な作業になってはいけなくて、自由で楽しいものでなければいけません。

9 忘れない読み方、知識を整理して定着《ていちゃく》させる読み方

☑ 類書を数多く読めば暗記しなくてもいい

日常的に興味関心のある分野の本を読み続けている人は、その内容を自然に記憶し、知識を増やしていくはずです。

類書を大量に読めば、同じ言葉、専門用語、考え方、人物や会社の名前、エピソードなどが何度も繰り返し出てくるからです。そして、それらは、異《こと》なる著者の味付《あじつ》け（料理）により、手を変え品《しな》を変え、さまざまな切《き》り口《くち》や角度で解説してくれるわけですから、それらの内容を深く理解することができます。なお、物語や漫画などでも、そのジャンルの本を読めば、ストーリーとして体験して記憶することができます。こうして得られた深い知識は長期間にわたって定着します。

もっとも、「ある専門分野について1から学びたい」あるいは「これを機会に徹底して勉強したい」という場合、例えば「会計学」「財政学」「税法」「アメリカ憲法」「所得税の

歴史」などのような大学の授業を受けたことのない学問分野、あるいは「ベーシック・インカム」「消費税の軽減税率」などの最近よく耳にするようになったテーマを学ぼうとした場合に本を読むときは、それなりのコツがあります。

このような読書については、本を用いた勉強に近いといえます。学校の勉強や受験勉強との違いは、試験もなく、問題集もなく、先生の指導もなく、合格・不合格もない、という点です。そうした読書ならば、わたしの受験生時代とは異なり、時間を気にすることなく、純粋に興味のあるものを学べるということです。まずは、その恵まれた環境に感謝《かんしゃ》し、その環境を存分に活《い》かすことだと思います。試験も、宿題も、レポートも、受験もなく、本を自由に読んで自ら学ぶだけでよい、と気楽《きらく》に考えてください。

そして、自分で関心をもち、本を購入《こうにゅう》して学ぶということは、それだけ、ほかの普通の人よりも知的探求心が高いことを意味するとともに、有利な環境にあるといえるでしょう。なぜなら、時間的な余裕や精神的なゆとりがなければ、仕事をもちながら、いまの仕事に関係のない学問分野について読書をして学ぼうとする人はいないからです。

☑ 教養《きょうよう》を深めたい人におススメの読書術

もっとも、10代や20代前半の若い人の場合には、「そもそも知らないことが多すぎて、会社や勤務先、取引先の人との会話についていけないことが多いので、何とかしなければいけない」というような事実上の強制力や向上心があって、学ぼうとされている人が多いかもしれません。

いずれにせよ、そのような**教養を深めるための読書の場合は、まず新書《しんしょ》を読むのがよい**と思います。新書はサイズが少し小さめですが、文庫とは異なり細長いものです。この新書も、各出版社がさまざまなシリーズを出しています。そのため、新書だけでも、先ほど例示《れいじ》したような学問分野やテーマの出版物が、1冊ではなく何冊もあるはずです。それらを**複数冊購入して立て続けに読む**のがよいでしょう。

Amazonなどのネット書店のサイトであれば、テーマ検索《けんさく》ができますので、わたしはこの手の読書の場合は検索でできる限り多くの本を探して購入し、ある一定期間に立て続けにその分野の本を読み込みます。

また、最初は最も読みやすそうな本を選んで読みます。そして、本の中にもメモをして、次から次へと出てくる専門用語と体系をまずは整理していきます。その整理が1冊の本で終われば、次の本はかなり楽に読めます。なぜかといえば、すでに前の本で学んだ専門用語がまた同じように出てくるからです。

しかも、説明の仕方《しかた》や切り口は異なるので、前に読んだ本ではわかりにくかったところが明確になったり、前に読んだ本には載っていなかったエピソードが出てきたりするため、すでに得ていた知識をベースにそれを広げていくことができるようになります。

☑「本当にわかっている」とは?

こうした読書も、基本は試験勉強のようにする必要はなく、楽しんで読めばよいと思いますが、読んで得た新しい知識を定着させる方法としては、**本を読んだ後に歩く**ことをおススメします。

わたしが本を読む場所としては、カフェや電車の中など移動が必要な場所が多いので、読んだ後に外へ出て歩くことになります。そうすると、歩いているときに、自分の頭の中で、歩く前に読んだ本の内容を整理してまとめる時間が確保できます。歩いているときは本を取り出せませんので、何もみないで読んだ内容を整理できるか、声には出さず(声に出すと変な人だと思われますので注意してください)、自分の頭の中で講義(授業)をしてみるのです。

わたしはそうやって、知らない分野についても独学《どくがく》で学んできました。現在、わたしが大学で授業やゼミをもち、また以前はロースクールでも教えていた「税法(租税《そぜい》法)」も独学で学びました。大学時代にわたしは民事訴訟法のゼミに入っていましたし、司法試験もわたしが受験した時代では、試験科目に租税法はありませんでした。弁護士になってから税務訴訟という国税《こくぜい》と戦う裁判を中心に仕事をしていたため、その仕事の必要に応じて、自分で本を読んで学んでいきました。しかし本格的に学んだのは、非常勤講師としてロースクールで授業を担当するようになってからで、学生に教えるために必死になって本を読んで学んだのです。「教える人が一番学ぶ」というのは、本当です。

わたしが大学教員になったのは、約5年前です。余談ですが、学生をみていつも思うのは、「学ぶことが本分の学生よりも、教える自分のほうがはるかに時間をかけて勉強しているなあ」ということです。

毎年教えている基礎的な授業でも、ゼミや大学院で学生が発表する判例研究であっても、授業の前に相当の時間をかけて予習をしますし、授業が終わった後も関連の論文などを読み込んでいます。教える側の緊張感が、学びを強制してくれているともいえますが、こうした仕事に関係する専門分野についても繰り返し学び続ければ、どんどん知識が増えて蓄《ちく》積《せき》されていきます。

読書から少し話が離れましたが、いずれにせよ、試験勉強のような暗記をしようという発想はそこにはありません。社会人の学びは試験対策ではありませんから、人に説明できるかどうかを指標《しひょう》に本を読まれたらよいと思います。実際に説明しなくてもよいのですが、自分の頭の中で説明できるか試《ため》してみたらいかがでしょうか。

本当に理解しているということは、丸暗記《まるあんき》していることではありません。いきなり「これって何ですか？」と他人から聞かれたときに、相手が誰であっても、その目の前にいる人に合わせた説明ができることだと思います。

それは、男性であっても女性であっても、小学生であっても、中学生・高校生・大学生であっても、社会人であっても、上司でも先輩でも部下でも後輩でも同僚《どうりょう》でも、クライアントであっても、その人に合わせることができる、ということです。

それができるかどうかを考えながら、特定の分野の新書などを読み込んでいけば、暗記はしなくても、忘れることのない記憶として定着して、誰にでも説明できる知識が得られるはずです。

第2章

「記憶力」を高める読書の技術

1

丸暗記・穴埋め型で覚えると忘れてしまう

☑偏差値の高い人の勉強法

読書をすると読解力が向上《こうじょう》し、記憶力も高まると前章で述べました。他方で、読書はあくまで他人から強制されたり、仕事のために無理に行ったりするものではなく、優雅にアフタヌーンティーを楽しむように、あるいはスタバで動画をみながらコーヒーを飲むように、自由に好きな本を読めばいいともいいました。

このようにお話しすると、両者は矛盾するのではないか、と思われたかもしれません。しかし、そのようなことはありません。ビジネスパーソンの多くが社会に出るまでしてきた勉強は、文章で書かれた教科書や参考書などを読むことがほとんどだと思います。

そうした勉強で、さまざまなことを学んできたものの、それは基本的には学校の授業や単位（進級や卒業の条件となる一定以上の成績を収《おさ》めると取得できるもの）と結びつけられた強制力のあるものでした。また、その関係から、教科書を読めば終わりではなく、その内容の理解を試す試験が実施されます。さらに、その試験では、教科書に記述されていた細かな情報まで正確に記憶している人に高い点がつき、そうではない人には低い点がつくという受験システムが敷《し》かれていたはずです。

このような学習を社会に出るまでの学生時代に続けていると、物を学ぶとは、教科書を読んでそこに記載されていることを暗記することだという誤解が植え付けられている可能性があります。

そうした環境下の試験では、穴埋め問題や正誤問題が多く出題されたことでしょう。実際に、日本史で偏差値70以上をコンスタントにとっていたわたしの大学受験時代の記憶を辿《たど》ると、情報量が膨大《ぼうだい》であるため、その歴史の出来事の意味内容や関連などはわかっていなくても、とにかく、年号を覚え、また人物名や出来事《できごと》（事件名）などを覚えました。文学史などでは、著者《ちょしゃ》と作品名、年代も覚えました。その他、教科書によく掲載されている「○○の人数」のような数字、仏像や絵画の名前も覚えました。こういった断片的な、いわば「記号的な暗記」が当時の受験システムでは求められていたと思います。

しかし、偏差値が70を超えている人が、飛鳥大仏《あすかだいぶつ》（釈迦如来像《しゃかにょらいぞう》）の特徴や歴史やエピソードを知っているかというと、そうではないわけです。また、歴代の天皇名や、内閣総理大臣の名前を全員順番に記憶し、どの時代は誰だったかを正確に覚えていたとしても、その天皇や内閣総理大臣の深い物語やエピソードまで知っているかというと、そうでもないでしょう。

いわば、そういう情報は捨象《しゃしょう》し、試験で問われる部分だけをコンスタントに、しかし大量に記憶し、それらをすべて正確に漢字で書けるようにしておく。これが偏差値の高い人の受験勉強だと思います。

☑リアルな実感があれば忘れない

こうした**暗記中心の勉強は、受験が終わればすぐに忘れてしまいます。**わたしが日本史を勉強したことで、いまでも覚えていて特に役立つのは、近現代の年号と出来事です。このあたりは、リアルな実感を伴《ともな》って記憶もできたので、いまでも忘れずに覚えており、それが血肉《けつにく》になっています。

例えば、2020年（執筆時。現在は2021年に延期開催予定）に東京オリンピックが開催されることにさきがけ、2019年のNHK大河《たいが》ドラマでは、日本のオリンピックの歴史を描いた「いだてん～東京オリムピック噺《ばなし》」が放送されました。

金栗四三《かなくりしそう》（中村勘九郎《かんくろう》が演じました）と田畑政治《たばたまさじ》（阿部サダヲが演じました）という、日本のオリンピックに大きく貢献《こうけん》した二人を主人公にした物語です。面白かったので、毎回録画し子どもと一緒にすべて観《み》たのですが、そのときに、日本史で覚えた1964年に東京オリンピックが開催されたことや、それに伴い東海道新幹線が開通したことなども出てきました。ドラマでありながら、当時の実際の映像も時折《ときおり》出てくるので、歴史で学んだ細かな出来事の映像をみることができました。

わたしが1964年という数字を、大学受験で記憶したときから25年以上忘れないのは、日本ではじめてオリンピックが開催されたことと、またそれに伴い高速道路や新幹線などが整備されたというストーリーで記憶していたからです。また、幻《まぼろし》の東京オリンピックもあったからです。戦前に皇紀《こうき》2600年を祝い1940年に東京オリンピックが開催される予定だったのに、戦争により取りやめ（返上《へんじょう》）になったのです。このことは、大人になってからの読書で深く知り、1964年とセットの数字として記憶されていました。

幻の東京オリンピックの話も、この大河ドラマでは出てきました。

さて、受験勉強の話もさしはさみましたが、こうした情報を記憶することで教養が得られるような読書は、どのようにすればよいのでしょうか？

☑記憶力を高めるための本選び

これから記憶する読書のコツをお伝えしていきます。まずは記憶すべき情報に接する本を読むことが、読書対象の選定《せんてい》として重要です。

つまり、自己啓発書《じこけいはつしょ》のような考え方をメッセージとして刻《きざ》んで書いた類《たぐい》の本には、そもそも記憶する必要がある情報は書かれていないと思うのです。そのような読書では、むしろ、考えることが重要だと思います。こうした思考力をとらえた読書については、次章でお話をすることにし、本章では記憶力をとらえていこうと思います。

記憶する読書の方法については、これから順にお話をしていきます。**記憶力を発揮《はっき》し、また高めていく読書をするにあたっては、何を読むかが大事である**ということを、まずは指摘しておきたいと思います。

わたしの場合、どういうものを読んできたかというと、弁護士になってから憲法に興味をもった時期があり、この時期には司法試験では勉強しなかった、日本国憲法の成り立ちの詳細な歴史や他国の憲法（世界の憲法）やその歴史などを学びました。これらは独学《どくがく》で本を読んで、たまにスマホのノート機能に年号のメモなどをしながら記憶していったのですが、これは目的がある場合です。

特に目的がない読書の場合のおススメは、学生時代に詰《つ》め込《こ》むだけでその対象を深く知ることができなかった教科書に登場する文学作品や、歴史上の人物が記《しる》した書物や、理系の分野で登場する法則《ほうそく》を発見した世界の偉人《いじん》などが執筆《しっぴつ》した書物を読むことです。

これらの書物は、同時に伝記的な本や歴史上の人物の生涯を描いた小説（漫画でもよいと思います）と並行《へいこう》して読むと、その人物の活動記録が物語として頭に入ってきて、記憶に定着しやすくなるでしょう。教科書では年号と出来事だけを記号的に暗記するしかなかった情報を、今後はリアルな体験情報としてストーリーでみていきましょう。

教科書でみた記憶すらないような人物の書物も面白いと思います。『言海《げんかい》』という国語辞典をつくった**大槻文彦**《おおつきふみひこ》の伝記的小説である『**言葉の海へ**』（新潮社）などがその例です。こうした本を読むと、その人物を中心に物語が展開しながらも、出てくる出来事は歴史ですので、そこでまた歴史の知識は強固になっていくと思います。

夏目漱石の『**こころ**』や、**太宰治**の『**人間失格**』を読むというのであれば、文学作品を読むことになります。こうした近現代の作品に限定しないで、『**徒然草**《つれづれぐさ》』などの古典に属する本を改めて一冊通して読んでみるのも面白いと思います。ただし、古典に位置付けられるものは、原文《げんぶん》で読むと、高校時代の古典の授業のような苦しみが再現されてしまうので（古典が得意だった人は原文でもよいと思いますが）、現代語訳されたものが入りやすいと思います。

こうした本を具体的に挙げていくとキリがありませんので、これ以上は控《ひか》えますが、学生時代に著者名《ちょしゃめい》とタイトルだけ記憶したものの読んだことがないもので、気になるものを片《かた》っ端《ぱし》から読むという読書もよいでしょう。

原典《げんてん》に触れる習慣を大人になってから身につけると、学生時代に学んだ断片的な情報が太い幹《みき》となって新たな情報と結びつき、総合的な情報としてとらえることができるので、深い教養になる可能性もあります。この場合、学生時代に意味もわからず暗記した情報が、じつは基礎となって、暗記した意味が生まれます。

教養のある人は生涯学習をしますし、「少年老《しょうねんお》いやすく学《がく》なりがたし」とよくいわれるのは、大人になってから、本当の学びのために読書を選択する人が少ないからではないでしょうか。

2 記憶を呼び戻す「5W1H」を常に意識する

☑ 記憶力を高めるために意識すべきこと

逆にいえば、大人になってからでも読書を始めれば、学校時代に勉強して得た知識を強化することができる側面があります。あまり、勉強を意識した読書ばかりすると、結局、学校教育の強制的な側面に影響を受け続けることになるかもしれませんが、自分の意志で本を選んで読むのであれば、それは自由な読書といえるでしょう。

ここで、「**大人の読書は学校の勉強の延長ではない**」ということに注意すべきです。例えば、「文学に興味がないのに、無理に芥川龍之介《あくたがわりゅうのすけ》の本を読む必要はない」ということです。また、「歴史に興味がないのに、無理に『徳川家康《とくがわいえやす》』や『太平記《たいへいき》』を読む必要はない」ということです。

学校の教科書に登場することはないけれど、面白い本がたくさんあります。それらを読むだけでも、十分に知性は高められ、読解力も、記憶力も向上していきます。

まず、記憶力を高める読書をするためのコツとしては、「**5W1Hを意識する**」ことが挙げられます。5W1Hというのは、本書でも第1章で少し触れましたし、文章の書き方や本の読み方などを解説するビジネス書（技術本）でも、頻出事項《ひんしゅつじこう》だと思います。あるいは、これまで本をあまり読まなかった方でも、先生や上司などから「5W1Hを意識しよう」と教わったことが一度はあるのではないでしょうか。

しかし、この点について実際に読書をするときに意識できている人は、どれくらいいるのでしょうか？

ほかの人が読書をしているときの様子をのぞき込んだことがないので、ほかの人が5W1Hを意識しているかどうかわかりませんが、わたしについては次のことがいえます。

第1章でも述べた弁護士になる前の「読むのが遅いコンプレックスがあった時代」のわたしは、この5W1Hを全然意識していなかった、ということです。また、どのような本でもスラスラ読むことができる現在では、この5W1Hを常に意識して本を読んでいるということです。

じつは、これは書き手になったことで明確になりました。本の書き手は、無から有を生み出して本を完成させていきます。しかも、絵本でない限り、それはすべて文章で書き尽くさなければいけません。そのときに、5W1Hを書き手が意識しないことはないのです。

なぜなら、5W1Hが明確にならない文章は具体性がなく、読み手に伝わりにくいからです。ただし、日本語は、省略の文化をもっており、5W1Hのすべてが揃《そろ》う文章ばかりではありません。

☑書き手が主語や場所を省略する理由

文章にはリズムが何よりも重要で、村上春樹も「文体《ぶんたい》が作家にとって最も重要だ」といっています。作者は同じ内容でも、どのようなリズムの文章を選択すれば読者にスムーズに伝わるかを考え、何度も書き直して文章を練っています。

ところで、**「わたしは」という主語は、小説を除いて基本的には著者《ちょしゃ》になります。**本書のような本もそうです、ただし、著者は「わたしは」という**主語を極力省略します。**最初は「わたしは」と原稿に書いたとしても、少しうるさいかなと考え、原稿《げんこう》を読み直して削除《さくじょ》することが多いのです。

また、複数の登場人物がいる小説でも、主語を明記《めいき》すると文章の格調《かくちょう》や流れを損なうため、会話文であっても「誰が」いったのかの説明は省略されることが多いものです。この場合、前後の文脈、その登場人物の話し方の特徴、会話内容などから主語を推測することが読者には求められます。

対談本などを読んで、話者《わしゃ》（話し手）の主語を確認しないで「○○がこんなことを本で言っていた」と誤った情報を吹聴《ふいちょう》してしまう人がいます。対談本であれば、二人のうちのどちらが話者なのか、つまりその主語を確認しながら読みましょう。

例えば、村上春樹と川上未映子の共著『みみずくは黄昏《たそがれ》に飛びたつ』（新潮文庫）では、聞き手の川上未映子の発言部分は「―」と表記され、村上春樹の発言部分は「村上」と書かれています。「―」の部分で「失われたものを、もう1つの世界で取り戻す」小説を村上春樹は書き続けているのではないかという質問があり、「そういうことを意識したこと自体がない」と村上春樹は答えています。これなどは主語を明確にして読んでいないと、村上春樹が「僕は失われたものを取り戻す世界を小説に常に描いている」というように誤《ご》引用《いんよう》をしてしまうおそれがありますから、注意が必要です。

また、**場所についても、1文1文に書くとうるさくてたまりませんので、一度どこかで設定された場所が移動しない限りは、省略されます。**これは、場所に関する描写《びょうしゃ》がある小説などの物語に顕著です。これに対して、本書のようなスタイルの本では通常、場所がどこかは問題にならないはずですが、エピソードの記述があるときには、場所についても言《げん》及《きゅう》されることもあります。

いずれにしても、場所が出てくる本を読むときは、例えば「このシーンは3ページ前に記載された場所のままなのか?」「その後、その場所から移動したのか?」というように**場所を意識することが、小説を正確に理解するコツ**だと思います。

どうですか? あなたは小説を読むときに、場所を意識していたでしょうか? もしあまり意識していなかったとしたら、今度読むときに意識してみてください。そうすると、「あれ? いまの場所はどこなのだろう?」「読み落としてしまったのかな?」というシーンが必ず出てくるはずです。

そういうときは、躊躇《ちゅうちょ》することなく前のページに戻ったり、数行前をもう一度読み直したりすればいいのです。それで「ああ、実家に来ていたのか。いつの間にか」というように、わかることもあります。逆に、読み直してもわからない場面があるかもしれません。そのような場合は、そのシーンの場所を読み手には悟《さと》られないように作者が意図的に書いている可能性があります。

その場合には、いくら前後を読み直してもわからない場所だと思いながら、読み進めましょう。どこかのシーンまで読み進めて「ああ、そういうことか」となるような種明《たねあ》かしがあるかもしれません。あるいは、最後まで謎のまま終わるかもしれません。しかし、もう一度再読《さいどく》してみたら、手がかりが得られるかもしれません。

☑ 疑問をもちながら本を読む習慣をつける

主語（Who）と場所（Where）を前項《ぜんこう》では取り上げましたが、小説でもエッセイなど著者の考え方が綴られた本でも、共通して**最後に考えるべきなのは「なぜ（Why）？」**です。

「なぜですか？　なぜですか？」と呪文《じゅもん》のように唱《とな》えながら本を読んでみると、その答えが後ろのページで明記《めいき》されている場合があります。これは自ら読んで得た疑問に対する答えを発見したことになりますから、その答えの記憶定着度《ていちゃくど》はアップします。

また、答えが結局得られない場合には、自分で「なぜだろう？」と考えることになりますから、思考力が高められます。それだけでなく、疑問をもちながら本を読むようにすると、別の本を読んだときに疑問が解消することがあります。そのときに得た答えは強烈《きょうれつ》に印象に残るはずです。そうすると、その答えについても記憶として強く残るでしょう。

5W1Hを意識しながら本を読むとは、こういうことです。すべての文章にこれらが書かれているわけではないため、5W1Hを意識して本を読む習慣をつければ、前後を参照する技術が自然に身につきます。

また、自ら問題意識をもって本を読むことになるため、漫然《まんぜん》と読んでいる読者よりも多くの発見が得られることになります。その結果、記憶にも定着しやすい読書になるのです。

なお、推理小説には、「フーダニット」「ホワイダニット」「ハウダニット」という言葉があります。

フーダニットは「誰が犯行に及《およ》んだのか？（Who done it?）」という意味で、推理小説では犯人を捜《さが》す小説がそう呼ばれます。これに対し、ホワイダニットは「なぜ犯行に及んだのか？（Why done it?）」という意味で、動機が謎になっている小説がそう呼ばれます。また、ハウダニットは「どのように犯行に及んだのか？（How done it?）」を意味します。

特に、いまの推理小説というジャンルでは、人間心理に関係するホワイダニットが脚光《きゃっこう》を浴《あ》びることが増えています。それを始めたのは、松本清張だといわれています。

松本清張の小説には、人間がリアルに描かれており、探偵が出てきて犯人を捜すような作品はほとんどありません。淡々《たんたん》と動いていく人物たちが闇に段々突入していくのです。明確に動機の説明があるわけでもないので、読者の側で「なぜだろう？」と考える楽しみがあります。

疑問をもちながら本を読む習慣を身につけたい場合には推理小説から始めるとよいでしょう。その後に、推理小説以外のジャンルの本を読むときにも、推理小説を読んで身につけた「なぜ？」を考えるクセを発揮《はっき》して読むとよいと思います。

3

文書の要素を分解して数値化する

☑ 重要なポイントは歩きながら反芻《はんすう》する

本を読んでいると「○○について重要なことは3点あります」というような、数字で重要なポイントを整理した箇所《かしょ》が出てくることがあると思います。

最近のわかりやすいビジネス書や新書などの場合には、こうした数字が明確に記載されていて、それが①、②、③、のように明記《めいき》され、丁寧《ていねい》に図表でも整理されているものもあります。

また、そのような数字が記載されていない場合、例えば「重要なことは、まずは、○○なんですよね」というような記載の数行後に「それから、次にお伝えしたいのは、△△も大切だということです」などが出て、その1ページ後に「最後に、やはり××を忘れてはなりません」というように、数字を使わずに重要なポイントを説明する本もあります。

こうした著者が強調する重要なポイントについて、本を読んだ後も忘れずに記憶するには、どのようにしたらよいでしょうか?

わたしは、そもそも読書は勉強ではなく、楽しむものだと思っています。前提《ぜんてい》としては試験を受けるわけではないし、別に忘れてもよいと思って読んでいます。とはいえ、「なるほど」と深く腑《ふ》に落ちた本を読んだ後は、(大概《たいがい》、カフェや電車の中で読むので)外に出て移動する時間、つまり**歩いているときに頭の中で反芻する**ようにしています。

例えば、「作家の○○さんは、優《すぐ》れた作家の資質《ししつ》には3点あるといっていたな。1つめは○○で、2つめは△△で、3つめは××か……」みたいに、歩きながら頭の中でつぶやくのです。このように反芻をすると、スラスラと3つ出てくる場合もありますし、「あれ?もう1つは何だっけ?」というように読んだ直後でも忘れている場合もあります。

ここでのポイントは、歩いているため、すぐに本で確認できないということです。そうすると、歩きながらもう1つは何だったのかと、読んだ文章の文脈やストーリーを思い返しながら記憶を辿《たど》ることになります。

それで「ああ」と思い出せる場合もあり、そのときは「重要な3つは……」ともう一度、頭の中で確認するようにします。一方、思い出せない場合もあります。そのときは、どうすればいいかというと、今度は本のことは忘れて重要なポイントを思い出そうとするのもやめて、「自分なら何を重要なポイントとして挙げるか?」と考えてみるのです。そうすると、いろいろなアイデアが出てきます。そのときに、ふと「ああ」と答えが思い出せる場合もあります。もちろん、それでも思い出せない場合もあります。そのときは本を読める場所に辿《たど》り着《つ》いたら本をみて確認します。

こういう作業を読書の後に歩きながらすると、読んだ本の内容の記憶が定着しやすくなります。また、こうした重要なポイントは、仕事でそのまま実践できたり、課題を解決する要素になったりする場合があるので、しばらくしてから、やはり重要だなと思ったときには、そのポイントをスマホのノート機能にメモして保存してもよいでしょう。

☑ 共通項《きょうつうこう》と相違点《そういてん》について数字を使って整理する

しかし、メモして覚えることが目的化すると、読書の楽しさを失《うしな》い、学校時代の勉強に近づいていきます。そうならないように、わたしはできる限り楽しむ読書を心がけ、本を読むときにはメモをなるべく取らないようにしています。そして、前提に戻りますが、別に忘れてもいいやと思って読み進め、実際に忘れたとしても気にしません。

すると、別の著者が書いた本を読んだときに、同じような事項について「○○で重要なことは5つあると思うんですよね」みたいに記載された文章に遭遇《そうぐう》することがあります。そのときは、「ああ、そういえば前に読んだあの本の著者は『3つある』といっていたよな……」というように思い返しながら、**共通項と相違点を整理してみていくと、記憶として定着しやすくなる**とともに、読書には深みが出てきます。

例えば、**見城徹《けんじょうとおる》の『異端者《いたんしゃ》の快楽《かいらく》』**（幻冬舎《げんとうしゃ》文庫）という本には「すべての成功を導くコンテンツは、オリジナリティがあること、明快であること、癒着《ゆちゃく》があること、そして何よりの原動力は、極端であることだと思う」という文章があります。これは「成功するコンテンツの４要素」として、①オリジナリティ、②明快さ、③癒着、④極端を挙げていると整理することができるでしょう。

そして、①オリジナリティと②明快さはわかりやすく、ほかにも一般的にいわれていそうですが、③癒着と④極端については、著者の個性が出ていることに気づきます。そこを意識すると、幻冬舎を立ち上げてベストセラーを出し続けてきた見城社長は「売れる本の秘訣《ひけつ》」として、極端な内容やタイトルを提示すること（④）や、本の著者に業界内のネットワークなどがあって本を出せば一定層《いっていそう》が必ず買うという体制（③）が必要だと考えているということを理解できます。

このような読み方をすると、書き手の差別化を意識できるため、その部分の記憶定着率が高くなり、またその本文中の言葉が著者の考え方のイメージとして強く記憶されます。

『異端者の快楽』

見城徹（けんじょう とおる）、幻冬舎文庫、2019年

東京駅の近くにある八重洲ブックセンター１階のレジ前、そこに平積みされた新刊の中に、目を引く装丁（そうてい）がありました。「おお、見城さんの新刊」と、買おうと思ったのですが、一緒にいた小学生の子どもから（帯のキャッチコピーをみて）「ヘンタイの本なの？」といわれて、いったん躊躇（ちゅうちょ）。でも、すぐに購入しました。

4

読んでいるときは覚えようとしてはいけない

☑ 受験勉強の弊害《へいがい》

本書が勉強法の本ではないことを前提に「記憶力を高める」ための読書のコツをお話ししていくと、**基本的には覚えようとはせずに、とにかくどんどん読み進めていくほうがよいと思います。**繰り返しになりますが、あくまで楽しむための読書だからです。

その意味でも、本を読みながらメモを取り続けるとか、ノートに覚えたい箇所《かしょ》などを書き写し続けるようなことはやめたほうがよいでしょう。それでは「楽しむ読書」ではなく、勉強になってしまうからです。学校教育で染《し》みついた試験勉強の習慣が頭から抜け切れていない証拠だと思って、もう絶対しないと固《かた》く自分に誓《ちか》ったほうがよいでしょう。

そもそも、ノートを取ったり、無理に語呂合わせなどで暗記をしたりするような試験勉強や受験勉強の弊害が、社会に出た大人を読書から遠ざけているのではないかとすら、わたしは思っています。

そのような受験ドグマ（教義）から脱却して、自由で気ままな「自分のための読書」を毎日の生活の中で確立させるためには、できる限り、学校の勉強や大学受験のための勉強とは異《こと》なるやり方で読書をするのがよいと思います。

例えば、カフェで読む、コーヒーを飲みながらゆったり読む、自分の興味関心のある本を読む、ある小説を読んでいる途中でも別の本を読みたくなったら読み始める、基本的には読んだら終わりで問題などは解かない、休みの日や休憩時間など、自分の好きなことをできる時間に息抜きとして、あるいは楽しみとして読書をするのです。

こうした意味での「**自由で気ままな読書**」は、まずはあなたが意識して実際に行うことが大事だと思うのです。

わたし自身、大学受験にも司法試験の受験にもどっぷりつかっており、その間、読書をすることができなかった経験をもっています。その反動として、仕事をするようになってから、自由な読書をするようになりました。そのときに意識していたわけではありませんが、いま思えば、受験勉強とは異なる読書を自分自身が求めていたように思います。

また、人間は、受験のために覚えなければという強制心理が強いと、必死になるという効果はあるかもしれませんが、その対象にストレスを感じます。そこで、受験が終わると「もう一切《いっさい》（勉強したことには）触れたくない」という弊害も出てくるように思います。

受験勉強が終わると、教科書もテキストも捨てて「二度とみたくない」と考える人が多いと思います。これはまさに、強制心理を伴《ともな》う受験勉強の弊害から来る反動でしょう。

☑読書に不慣れな人の小説の選び方

大人になるまで小説をあまり読まなかった人は、最初は長編小説などを読むのに苦痛を感じるかもしれません。その場合、例えば、最近観て感動したり、面白いと感じたりした映画やドラマの原作を読んでみましょう。あるいは、興味関心のある対象を題材にした小説を書店で探したり、Amazon《アマゾン》で検索したりしてみつけて読んでみる、という方法もあります。あなた自身が現在、強い興味関心をもつものであれば、慣れない小説でも没頭《ぼっとう》しやすくなるからです。

ここで、ふだん本をあまり読まない方には、注意事項があります。それは、小説といっても、面白いものと、つまらないもの、また自分に合うものと、合わないものがある、ということです。

また、同じプロの作家でも、文章がとても上手でどんな物語でもグイグイ読者を引っ張る文体《ぶんたい》をもっているタイプの作家もいれば、ストーリーの力で読者を引っ張るタイプの作家もいる、ということです。前者の場合は、その作家の文体が自分の肌《はだ》に合えば、どの小説を読んでも入りやすく、面白いと思えるでしょう。その意味では、読みやすいと思った作家の小説を続けて読むことで、小説への心理的ハードルを下げるという読書も、最初はありだと思います。

これに対して、後者のストーリーの力で引っ張るタイプの作家の小説は、ある作品では面白いと思っても、ほかの作品では雰囲気《ふんいき》や作風が違いすぎてなかなか物語の世界に入りにくいということもあります。

わたしが繰り返し読む作家は、前者のタイプで、安定感のある作品を書き続けた方ばかりです。仕事で忙しいなかで読書を心から楽しむためには、いつでもすぐに物語の世界に入ることができる作家の小説を選びたくなるものです。

ただし、これは読書好きの人についていえば、本の選び方はさまざまだと思います。あくまで、ここで紹介したアドバイスは、小説を読みたいけれど、苦手意識がある人に向けた1つの方法です。読みにくいと感じた小説、世界観などが合わないと感じた小説は、「読書を楽しむ習慣」を身につける過程《かてい》の初期のころは、**無理せず読まない**、という決断をすることが大事です。

☑ 本は最後まで読まなくてもいい

本とは、そもそも全部読む必要があるものではありませんし、途中でつまらなければ投げ出しても構わないものです。「自由で気ままな読書」では、あなたの好みに合わない本に出合ったら、読んでいる途中でも、どんどん捨ててもよい（読むのをやめてよい）ということになります。

逆に、「買った本だから最後まで読まなければいけない」という義務感が出てしまったら、学校での勉強や受験勉強などと同じになってしまうので、注意してください。その代わりに、自分の好みにフィットする本や、読みやすいと感じる自分と相性《あいしょう》のよい本を手放《てばな》さずに、どんどん読んでいきましょう。

いずれにしても、本を読むときにはノートやメモはできる限り取らずに、楽しんで本の世界に没頭することが大事です。とにかく、覚えようなどとは思わずに、どんどん読み進めていきましょう。

5 読み終わった後に身体を動かしながらポイントを思い出す

☑ 身体を使う行動と記憶の関係

では、記憶力を高めるためには、本を読み終わった後に何をすればいいのでしょうか？読み終わった後（1冊を読了《どくりょう》した後という意味ではなく、読書を一旦停止《いったんていし》する場合も含《ふく》みます）に、つい先ほどまで体験していた読書を再現してみるのです。

これは第1章でも少しお話ししたことですが、本を読んだ後に、外を歩くことをおススメします。わたしの場合は、そもそもカフェや電車の中で本を読むことが多いため、読んだ後は必然的に外を歩くことになります。

歩くなどのような**身体を使う行動を読書の後に行うと、これが記憶するにはとてもよいのです。**

何がよいかというと、例えば、雨が降っていたとすると、傘《かさ》をさして、雨の香《かお》りや身体や靴《くつ》が濡《ぬ》れる感覚をもちながら、ほんの少し前まで読んでいた本を思い返すことになるからです。そうすると、カフェなどでメモを取らずに読書そのものに没頭し、すでにあなた自身の「**体験記憶**」として残っているものに対して、さらに外の空気も感じながら「**体験再現の場**」をつくることができます。

もちろん、夜中に家で本を読むこともあるでしょう。じつは、夜寝る前に目を通したものは記憶に定着しやすいという効能《こうのう》もあるため、その場合は無理に外を歩く必要はありません。

☑ 体験を映像として再現させると記憶を喚起できる

わたしは、もともと記憶力には自信があったからかもしれませんが、記憶術のハウツー本などで記憶力を高めるトレーニングをしたことは一度もありません。

ただ、振り返ってみると、若いころから**体験した映像が頭に浮かぶので思い出せる**という、記憶の引き出しを行っていました。例えば、大学生のときに居酒屋《いざかや》でクラスの友達6人でお酒を飲んだという記憶を呼び戻すと、そのテーブルのどこに誰が座っていたかがわかる映像が頭の中にくっきりと出てきます。暗記したわけでもなく、もちろん無理に覚えたわけでもないのですが、映像が自然に出てくるのです。

「それは、もともと記憶力が優《すぐ》れているだけでは?」と思われるかもしれませんが、なぜ映像を再現できるかと考えると、わたしは学生時代まで人と話すことが苦手で、大人しいタイプだったこともあって、じつはよくクヨクヨしていたからです。

どういうことかといえば、先ほどの例の6人でお酒を飲んだときには「ああ、今日は楽しかったなあ」と、電車に乗ったら雑誌でも読み始めて、帰宅したらテレビをつけて、しばらくしたら、飲み会のことなどけろっと忘れて寝てしまった、というようなことはほとんどありませんでした。そのようなときはいつも帰りの電車に乗りながら、「まずは○○がこんな話をして、□□がこんな反応をして……」などというように、飲み会のシーンを映像として頭の中で再現し、気づくと最寄り駅についていました。

また、家まで歩いて帰るときも、先ほどの飲み会のシーンの続きを再現して「それにしても、○○のあの話、面白かったなあ」といったように振り返っていたのです。

逆に、後悔することも多かったので、「こんなことを言わなければよかった」とか「あのときは、こんな話を入れればよかった」などと、とにかくグチグチやっていました。

これらは、口下手でお酒も苦手なわたしの学生時代の飲み会体験なのですが、じつは何をやるにしても、わたしはいつも**出来事《できごと》を反芻《はんすう》する習慣**があったのです。これが「**映像記憶（体験記憶）**」となって定着したため、10年たっても、20年たっても、記憶を引き出せるのではないかと思うのです。

昔の話をすると、友達から「どうして、そんなに記憶力がいいの？」とよくいわれるのですが、いま思えば先ほど述べたように、わたしがクヨクヨと考えるタイプだったことから、出来事《できごと》を体験した後の移動時間に反芻していたことが大きいように思います。

読書ではクヨクヨする必要はないのですが、本を読んだら、その直後に歩きながら「まず、こんなシーンがあった。次に……」とやってみましょう。わたしはこうした読書を30代から繰り返しているので、ある本の記憶は内容だけでなく「いつ、どこで、読んだ」かまで再現されます。もちろん、1年に400冊以上読んでいましたし、覚えようとして読んだわけでもありませんので、多くの本については、内容の詳細はほとんど覚えていません。

でも逆に、**記憶に残る本や知識があった場合には、そもそも覚えるために読んでいるわけではないのですから、ラッキーと思うべき**だと考えています。

なお、この歩きながら反芻するという方法は、司法試験受験時代にも、予備校の自習室からの帰りにいつもやっていたことでした。その日に勉強したことで、特に新しいことや難しいと感じたことについて、電車の中や駅から家まで歩く時間に、頭の中で講義を再現するのです。これが、歩きながら体験を再現する行動になっているため、記憶の定着に役立ちました。

勉強と読書。対象は違いますが、記憶するという点で考えると、いずれにも没頭した体験の直後に、歩きながら記憶を喚起《かんき》する（再現する）ことがよいのだと思います。いままであまりしたことがない人は、騙《だま》されたと思ってやってみてください。

思いの外《ほか》、本の内容を整理できることがわかると思います。また、本から離れて（本をみることができない状態で）頭の中で本の内容を整理することは、記憶力だけではなく、思考力を鍛えることにもつながります。

再現しているうちに、別のアイデアがわいてきたり、「なぜだろう？」と疑問が生じたり、それについて考えたりすることも、歩きながらできるからです。このように、わたしは歩いているときは基本的に、何かを常に考えています。そのため、車の運転免許は大学時代に取得したのですが、運転は20年以上していませんし、今後もするつもりはありません。移動していると、自然に頭の中でいろいろなことを考え始めてしまい、思考をめぐらせるクセがあるからです。

6

小説で知った専門用語は忘れない

☑ 小説に没頭すれば「映像記憶」になりやすい

教科書や参考書などを開いて、赤色《あかいろ》の用語部分に赤や紫《むらさき》のセロファンシートをかぶせて隠《かく》し、それを覚えていく、という作業を受験勉強でした人も多いと思います。

記憶力が求められる試験もあるため、このような勉強方法はやむを得ない側面があると思います。また、第1章で言及《げんきゅう》したように、ある分野の知識を丸暗記だとしても学生時代に頭に入れた経験があれば、例えばダーウィンの『進化論』、マルサスの『人口論』、モンテスキューの『法の精神』、あるいは森鴎外《もりおうがい》の『高瀬舟《たかせぶね》』、福澤諭吉《ふくざわゆきち》の『学問のすゝめ』といった学生時代に題名と著者名を丸暗記しただけの原典《げんてん》を大人になってから読んでみるという読書ができるようになります。そのきっかけを若いときにつくり、頭を一旦通過《いったんつうか》させるという教育的効果が、じつはあるのかもしれません。

とはいえ、一時的に覚えて忘れるだけの知識というのは、学生時代に学校教育や受験勉強で詰《つ》め込《こ》み式に覚えたものにはとても多いでしょう。

これに対して、映画館で観《み》た感動シーンや、ドーム球場の応援席でプロ野球の逆転サヨナラホームランとか、そういった体験を伴《ともな》うなかで得た情報というのは、なかなか忘れないのではないでしょうか。これらは、映画館、野球場での出来事であるため、ほかのことができず、その場にあることに没頭しやすい環境にあるともいえます。

これを読書にも応用すると、メモなどを取らずに**没頭して読んだ小説に描かれた内容は、前節《ぜんせつ》でも触れた「映像記憶（体験記憶）」になりやすい**といえます。その小説の中に登場した専門用語や知識が記憶に定着する可能性は高いでしょう。

わたしは**『小説で読む民事訴訟法』**（法学書院）という民事裁判を小説で体験しながら用語を覚えることができる本を書いています。司法試験の受験時代に勉強した民事訴訟法が無味乾燥《むみかんそう》だったのに対して、弁護士として裁判所で体験する裁判実務は面白く、そこに関連する法律知識のイメージももつことができました。そのため、知識の吸収率《きゅうしゅうりつ》と定着率《ていちゃくりつ》が高かったことから、実際の裁判をイメージできる物語を書こうと考え、小説というアプローチを使ったのです。

村上春樹の長編小説『**騎《き》士《し》団《だん》長《ちょう》殺《ごろ》し**』（新潮文庫）を読んでいると、画家が主人公なのですが「デッサン」と「クロッキー」の違いを説明するシーンがあります。これなども、

『小説で読む民事訴訟法　基礎からわかる民事訴訟法の手引き』
木山泰嗣（きやま ひろつぐ）、法学書院、2008年

12年前に刊行されてから現在まで、法律の専門出版社から発売された本としては、ロングでなかなか売れ続けているようです。民事裁判の仕組みをリアルに感じられる「小説」は、なかなかないのかもしれません。法律事務所でアルバイトをする大学生が、女性弁護士から教わります。

デッサンやクロッキーという言葉だけを美術の本でみても印象に残りませんが、画家の主人公が不思議な体験をする物語の中でデッサンやクロッキーの違いの説明が自然に出てくるので、「なるほど」と理解しやすく印象に残るものです。

☑ 小説を読みまくれば雑学が身につく

「読書家は、博識《はくしき》である」と、よくいわれます。新書などのさまざまな専門分野の本を読み続ける読書家は、まさにオールマイティで、あらゆる分野に詳《くわ》しくなりそうですが、**楽しむ読書は偏《かたよ》るもの**です。歴史が好きな人は、読書家といっても歴史書ばかり読んでいたりします。また宇宙のことが好きな人は、宇宙の本ばかり読んでいます。それはそれで悪いことではないですし、それぞれの興味分野が人によっては移り変わっていくこともあります。いずれにしても間違いなくいえるのは、ある分野の本を読みまくった時期がある人は、その分野について詳しくなるということです。

ただ、幅広《はばひろ》い知識（＝雑学）がある人は、じつは小説をたくさん読む人ではないかと思うのです。仮に推理小説というジャンルばかり読んでいるとしても、さまざまな舞台《ぶたい》が用意され、さまざまな登場人物の物語に没頭することになります。そこで、体験記憶として、自分の仕事とは関係のない職業の知識なども自然に身につくのではないでしょうか。

『騎士団長殺し（全４巻）』

村上春樹（むらかみ　はるき）、新潮文庫、2019年

諸事情から小田原の家に住むことになった画家である主人公が、近所の免色渉（めんしき　わたる）という謎の人物と交流する物語。淡々としたリアリズムの物語に、メタファーも登場し、村上作品の醍醐味（だいごみ）の進化形を堪能（たんのう）できます。猫の町のシーンは神秘的ですが、深い印象を残します。

わたしは推理小説をあまり読みませんが、推理小説が好きな人は、物語の中に刑事裁判のシーンが何度も登場することによって、刑事裁判の仕組みをそれなりに知っているはずです。また、警察官の役職に詳しい人が多い気もします。

近年、**恩田陸**《おんだりく》の**『蜜蜂と遠雷』**《みつばちとえんらい》(幻冬舎文庫)、**平野啓一郎**《ひらのけいいちろう》の**『マチネの終わりに』**(文春文庫)などがベストセラーになりましたが、こうした本を読むと、その物語の主人公の世界にも自然に触れることができるでしょう。国際ピアノコンクールを舞台にしたピアニストや、天才ギタリストの世界です。

わたしは、松本清張《まつもとせいちょう》の小説が好きなのですが、彼の小説では時代は古くても人間心理が企業や官僚などの組織、あるいは学界、さらには家庭などの男女間で巧《たく》みに描かれています。登場する職業も多いのが魅力です。

こうした小説を読んでいると、自然とその分野や職業の世界を体験することができます。ドラマや映画でも体験できるのではないかと思われるかもしれませんが、小説の優《すぐ》れた点は、すべてが文章で説明されていることです。確実に雑学は身につくでしょう。専門書を読むよりも面白く、専門用語が頭に入ってくるからです。

『マチネの終わりに』

平野啓一郎(ひらの けいいちろう)、文春文庫、2019年

天才ギタリストが、映画監督の娘である国際ジャーナリストと知り合い、物語が展開されます。国際色豊かな舞台で、40歳目前の天才音楽家の日々と、心理的葛藤が描かれています。凡人からみれば、天狗(てんぐ)のようにもみえる主人公の考え方の詳細な描写により、異なる人生を体験することができます。才能豊かな者同士による、大人の恋愛小説です。

7

本を読むときはスマホをフル活用する

☑ 知らない用語や熟語はスマホで調べてメモ機能に保存する

松本清張の小説を読んでいると、いまではほとんどみないような用語、熟語、漢字に遭遇《そうぐう》することがよくあります。松本清張は明治生まれの作家で、没後《ぼつご》25年以上経《た》っています。松本清張が生きたのは、1909年～1992年でした。にもかかわらず、いまでも毎月のように、昔の本がリニューアルされて文庫新刊（新装版）として発売され続けている稀有《けう》な作家なのです。

そのときに、わたしがしばしばやるのは、前節までの話と矛盾すると思われるかもしれませんが、**知らない用語や熟語の意味を調べる**ことです。いまは、辞書で調べなくてもスマホ（携帯電話も含《ふく》む）ですぐに言葉の意味は調べられる時代です。同時に**スマホのメモ機能に、その用語や熟語の意味も保存**しておきます。

こうすることで、本を読むたびに、いままで知らなかった用語や熟語のストックが増えることになります。

ただし、「自由で気ままな読書を楽しむ」ことが基本なので、こうした読書中の用語・熟語調べも、なるべくやらないようにしています。ビジネス書や新書などでは、そもそも専門用語は本の中で解説されています。また、知らない熟語などに遭遇することは、数多くの本を読みまくってきたわたしの場合は、ほとんどありません。一方で、読書に慣れていない人は、ビジネス書でも新書でも知らない言葉が頻繁《ひんぱん》に出てくるかもしれません。そのような知らない言葉を、その都度《つど》調べておくとよいでしょう。

一方、ふだんから読書の習慣がある人は、ビジネス書や新書である限り、おそらく専門用語以外の言葉で躓《つまづ》くことは、あまりないと思います。なぜかというと、そもそも、この手の本は忙しい社会人を対象につくられているため、国語辞典などで言葉の意味を調べないと引っ掛かって読めないような文章にはしていないからです。

逆に、ビジネス書や新書を読んでいて引っ掛かる言葉が頻繁に出てくる人は、知らない言葉の1つひとつをスマホで調べてメモ機能に保存しておくようにすれば、いろいろな本を読む習慣が身についてから、そこで調べた言葉が、別の本に登場するようになります。そうなれば、「あっ、この前の本で調べた言葉だな」というように、その発見に喜びを感じるはずです。また、「もう意味はわかっているぞ」という満足感というか、達成感も味《あじ》わえるでしょう。

これを繰り返すようにすれば、日常的に求められる語彙力《ごいりょく》は一般の社会人レベルまでは、すぐに身につくと思います。

☑ 国民的作家の小説を読む効能《こうのう》

これに対し、独特な言葉や古い言葉が出てくる小説を読むと、さらにいまはあまり使われていないけれど、一昔前の時代には使われていた言葉を覚えることができます。特に、松本清張のように当時の国民的作家が書いた物語の数々には、寝台特急や蒸気機関車や食堂車、駅改札の切符切り、バスの車掌《しゃしょう》など、いまはみられなくなったものや職業が普通にいきいきと登場します。

独特な職業の言葉などであれば物語を味わいながら、調べてみて、かつてはこんな職業があったのかと知識を増やすことができます。学校の国語の授業と違うのは、言葉の意味ありきで記憶するのではないことです。読んでいる物語に登場する言葉を調べることになるため、映像記憶（体験記憶）が先行して言葉を記憶するようになり、記憶として定着しやすいのです。

8

読書を重荷《おもに》にしない

☑ カッコつけて本を読む必要はない

「キャッシュレス決済《けっさい》について詳《くわ》しく知りたい」「税制改正でひとり親控除《こうじょ》を創設するというニュースがあったけど、所得税ってどんな仕組みなんだろう？」「デジタル課税とは？」「消費税の軽減税率のルールは、どうなっているのだろう？」「AIとシンギュラリティについて学びたい」「SDGs《エスディージーズ》に関する知識を得たい」「5G《ファイブジー》って何？」「IFRS《イファース》って、どんな会計基準なの？」「シェアリングエコノミーを深く知りたい」というように、日常で言葉としてはよく聞くけど、本当のところはよくわかっていない専門分野を学びたい、という目的で本を読む場合もあると思います。

特に社会人の方は、学校を卒業すると、学びの場がなくなります。いまの大学生や高校生が普通に学校の授業で多くの情報を得ているようなことでも、仕事をしていると全然情報を得られない環境になり、「時代の言葉（いま旬《しゅん》な言葉）」にキャッチアップできていない、ということが起きかねません。

新聞やニュースでよく耳にする言葉で、前は聞かなかったような言葉、あるいは難しそうな経済用語や投資《とうし》にまつわる専門用語なども、スマホなどを使ってネットで調べることは簡単にできますが、本を1冊買って深く勉強しようということもあると思います。

また、ここ数年のビジネス書の流行《はや》りは、外国で刊行された本の翻訳書で、とにかく分厚いものが多いのです。そもそも、わたしはバリバリのビジネスパーソンではないので、この手の翻訳書は基本的に読みません。

弁護士として、わたしの取り扱ってきたのが税務訴訟（税法：タックス）であることを考えると、「ビジネス弁護士」であったことは確かです。しかし、一般向けのビジネス書としてトレンドになっている分厚い翻訳書の多くを、これまでほとんど読んできませんでした。わたしには大型書店（例えば、東京駅の丸善丸の内本店や丸善日本橋店など）に通う習慣があるので、それらの店に行けば、大量にカタカナのタイトルの分厚い翻訳書が平積《ひらづ》みされているのをよく目にします。

この手の本を購入《こうにゅう》して読むのはカッコ（格好《かっこう》）いい感じがしますが、わたしが読まない理由は、単純に読み切れないのと、読もうとしても面白かった試《ため》しがないからです。また、タイトル（書名）の中にアイデアや時代のキーワードがすでに出てしまっていることが多く、そのキーワードを調べて意味を知っておくだけでも時流には遅れず、ビジネスのアイデアにも使えると思っています。

例を挙げれば、ベストセラーになったのに、わたしが読んでない翻訳書を羅列《られつ》することになりますが、クリス・アンダーソン著＝小林弘人監修・解説＝高橋則明翻訳『フリー〈無料〉からお金を生みだす新戦略』（NHK出版）という本が10年前（2010年ごろ）にベストセラーになりました。ハードカバーの装丁《そうてい》（表面）には「FREE」と大きく欧文で書いてあったので、これからはまずは無料から入るビジネスが流行するというコンセプトだと理解し、それで「なるほど」と思いました。しかし、自分には読めなさそうな分厚《ぶあつ》さのそして水色の少し変わったカバーを眺めるだけで、手を出しませんでした。

また直近（2018年）では、スコット・ギャロウェイ『the four GAFA 四騎士が創り変えた世界』（東洋経済新報社）でしょうか。これも、白いハードカバーに黒で大きく『GAFA』と書かれた欧文タイトルが目立つ装丁の本ですね。いまではGoogle、Apple、Facebook、Amazon、の頭文字をとった「GAFA」は、日常用語としても定着しましたが、本が刊行されたときは「何だろう?」と思い、調べて「ああ、この巨大4企業か」と納得したものの、この本を読もうとは思いませんでした。ちなみに、この本は購入した記憶がありません。もしかしたら、先ほどの『フリー〈無料〉からお金を生みだす新戦略』も10年前に買っていたかもしれません。しかし、この手のハードカバーの分厚いビジネス翻訳書をわたしは、買ったとしても読破できた試しがありません。

ここで、わたしが強くいいたいのは、**「カッコつけて本を読む必要はない」**ということです。情報量が異様に多い分厚い本でも、小説なら面白くてグイグイ読めるものもあります。しかし、**分厚いビジネス書の場合は、それを全部読まなくても（読めなくても）、気にする必要はない**と思います。

もちろん、分厚い翻訳書でも読み切れて、とても役立つ本もあるでしょう。ここでいいたいのは、ビジネスについてビッシリ書かれた外国の本を無理して買って、読み切れない挫折感《ざせつかん》を味《あじ》わうくらいなら、最初から別に読まなくてもいい、と割り切ってしまえばいいということです。

☑ 情報が詰まった分厚い骨太の本は少しずつ読めばいい

いまはスマホでかなりのことを調べられる時代ですから、気になる新しいビジネス用語などは、ネットでまずは調べたらよいのではないでしょうか。他方で、「しっかりと歴史を学びたい」とか、「特定の分野の専門家が書いた本を読んで深く勉強したい」という場合のほうが、読書で学ぶ価値があるといえます。

そのようなときでも、一気に全部読もうとせずに、少しずつ読んだらよいのです。わたしは会計が専門ではないのですが、研究対象の税法（特に法人税法）に隣接する分野であるということもあって、面白い読み物として書かれた会計本は、勉強も兼ねて（あくまでも趣味の読書ですが）読みます。税務経理協会から**『会計グローバリズムの崩壊』**など多くの本が刊行されている**田中弘**の会計本をよく読むのですが、それらのほとんどはハードカバーで分厚いです。しかし、専門的なことなのに読みやすくて愛読しています。

ただ、田中弘の会計本は「自由で気ままな読書」としては内容が少しヘビーなので、**時間に余裕があるときに1章ずつ読む**ようにしています。週末の土曜か日曜で気が向いたときだけ、1章分を読むというスタイルです。そうすると、1冊読むのに時間は数か月かかりますが、読み終えることを目的にはしていないので、ペースも気にしません。

ほかの小説やそのときに読みたい本とも併読《へいどく》しながら、少しずつ味わい学んでいく。そんな読書でも構わないのだと、社会人の人は割り切ることも必要です。**読書が重荷《おもに》になっては、本末転倒**だからです。気分が乗っているときに少しずつ読む、という読書でもまったく問題ないのです。最近読んだ本では、ハンス・ロスリングらの『FACTFULNESS《ファクトフルネス》』（日経BP）が読み応えのある、そして思考に対する考え方に大きな学びが得られる本でした。章ごとに、少しずつ時間をかけて読みました。

『会計グローバリズムの崩壊　国際会計基準が消える日』
田中弘（たなか ひろし）、税務経理協会、2019年

国際会計基準（IFRS）をどのようにみるべきか。ハードカバーの専門色バリバリの会計学術書の様相を呈していますが、読みやすい文章で、深い知識が得られます。世界の会計における状況・考え方を、その歴史に遡り分析する視点は鋭く、会計の専門家ではない人にも勉強になる本です。

9

マーカーや付《ふ》箋《せん》を活用する方法

☑覚えたい箇所《かしょ》にはマーカーで色を塗《ぬ》る

「ノートやメモは基本的に取らない」と前に述べましたが、わたしは本を読むときには、本に直接、ピンクの蛍光《けいこう》マーカーをよく引きます（詳細は後述《こうじゅつ》します）。電車の中で本を読むときは、少し恥ずかしいのであまりマーカーを使わないようにしているのですが、それでも「いまを逃《のが》したら、あとでは引けない」と思うようなときには、乗車席に座っていてもマーカーを鞄《かばん》のペンケースから取り出して引きたくります。

スタバやタリーズなどのカフェで読書をするときは、ピンクの蛍光マーカーを手にもちながら読書をするくらい、マーカーを多用しています。

しかし、わたしのマーカーの引き方は、読者のみなさんが考える一般的なものとは少し違うと思います。覚えるべき場所にマーカーで線を引くというのではまったくなくて、**読みながら色を塗《ぬ》っていく**という感覚なのです。

1色しか使いませんので、「3色ボールペン」を提唱する齋藤孝《さいとうたかし》教授のような色分けはしませんし、塗る箇所《かしょ》にも特にルールはありません。重要な箇所に塗るときもありますが、よいと思った文章全部に塗ることもあります。小説では、登場人物の初出《しょしゅつ》のときなどに、後で読み返したときに「どのような人物だったか」を検索できるようにするためにマーカーで色を塗ったり、丸をつけたりしますが、基本的には自由に塗っています。

読者のみなさんも、記憶する目的で本を読む場合、学校の勉強のように記憶したいと思う箇所にマーカーで色を塗ってみてはいかがでしょうか。わたしの場合は、マーカー塗りの読書を30代からずっと続けているので、本にマーカーで色を塗る（文庫小説でも塗りまくります）ことが自然な行為なのです。しかし、読者のみなさんには、教科書やテキストにマーカーで線を引くことはあっても、文庫小説やハードカバーの本は線を引いたり色を塗ったりして汚《よご》してはいけないものというイメージがあるかもしれません。

しかし、本は汚したほうが記憶に残りますし、内容も頭に入りやすくなります。どんどんマーカーで汚してみてください。わたしの場合は、作者が文章を書いて推敲《すいこう》の末に仕上げた文章を全体として飲み込んで味《あじ》わいたいという欲求を満たしてくれるのが、ピンクマーカー塗りです。これは特殊なので、真似《まね》する必要はなく、おススメもしませんが、わたしのマーカー塗りは文章をまるごと食べてしまいたいという感覚でやっているのです。

事実、ピンクマーカーで色を塗ると、最初に読んだ文章を「おお、いいな」と思って、色を塗りながらもう一度読むことになるので、2回同じ文章を丁寧《ていねい》に読むことになります。これがいいのかなと個人的には思っています。

☑覚えるときの付箋《ふせん》の貼《は》り方《かた》

こうしたマーカーだけでなく、**付箋もよく貼ります**。わたしの場合は、本を読んでいて後で読み返したくなったページがあるときに、すぐに検索できないと、半永久的にそのページに辿《たど》り着《つ》けないことがあり、それが嫌なので、読み返したくなる可能性があるページに付箋を貼ります。

本によっては、付箋だらけ、ピンクマーカーだらけにもなるのですが、いずれにせよ紙面を汚しながら本を読むときには、手も動かしています。手を動かしながら本を読むことによって、脳が活性化され、記憶に残りやすくなります。これは、わたしだけかもしれませんが、個々の文章をまるごと飲み込み、著者と同じ思考を体得《たいとく》でき、そして本そのものを支配する（自分のものにする）感覚を得やすくなります。

また、わたしは、本から得られる情報をとても重視しているので、はじめてみる著者や馴染《なじ》みがあまりない著者の場合、本を読みながら著者情報もしっかりみます。それは奥付《おくづけ》

（巻末《かんまつ》の書誌《しょし》情報が記載されている部分）であったり、表紙の内側であったりしますが、そのような著者の名前や生年、出版社名や刊行年などの書誌情報が記載された部分にも、マーカーで色を塗ります。覚えようとか暗記しようとするのではなく、ササっと丸をつける感覚で、マーカーで色を塗ります。これも本の情報にはすべて目を通した感覚を得たいし、情報として本を読み切ったことを実感したいためかもしれません。

そうして本を読み続けていくと、著者の名前も出版社名も刊行年も自然に頭に入るようになります。その結果、過去に読んだ本の情報が引き出せるようになるため、同じ著者の別の本を読んだり、同じ出版社が発行した別の著者の本を読んだりするときに、「あの本を書いた著者だな」とか「あの本を出した出版社だな」とわかるようになります。そうした蓄積《ちくせき》が、じつは本を読む習慣のある人と、そうでない人の知識の差になるのです。

本をしっかり読み続けている人は、こうした細かな情報にとても敏感です。著者や出版社などの書誌情報は、次の読むべき本を探すときにも研ぎ澄まされたセンサーになり、心強い味方になるでしょう。

ぜひ、あなたも、このレベルになるまで、本を読み続けてください。このレベルに達すれば、本を読んでいるだけで、さまざまな情報を自然に処理できる技術も得られます。

10

マーカーの色は1色に限定する

塗るマーカーの色はピンクだと、お話ししました。「なぜ、ピンクなんですか？」と、たまに学生から聞かれますが、特に意味はありません。ただ、ピンクが本の中に確かな存在感を示せる安定した色だと思っていて、ずっとピンクにしています。

ちなみに、司法試験の受験時代は、オレンジマーカーを使って勉強していました。おそらく、そのこともあって、合格後に心機一転して、それまで愛用していたマーカーの色をピンクに変えたのではないかと思います。いずれにしても、特に記憶に残るきっかけはなかったはずなので、気分的なことが関係しているはずです。

これは、あくまでわたしの場合です。いずれにしても、**本を読むことにできる限り集中したほうがよい**のです。一方、重要な場所はイエローで、著者の意見はグリーンで、気づいたことはパープルで……というような色分けのルールをつくってしまうと、作業のようになって、集中して本を読めなくなってしまうおそれがあります。

「自由で気ままな読書を楽しむ」はずが、学生時代の受験勉強の延長のような感覚に陥ってしまうと、読書に幻滅《げんめつ》して、挫折《ざせつ》する可能性もあります。

これを防ぐために、**マーカーは単色《たんしょく》にするのがよい**でしょう。そうすれば、色を塗るときに、「この部分は○○色だ」などと余計なことを考えずに、いわばマーカー塗りをルーチン化することになり、読書に集中できます。

また、気になったところにはマーカーで色を塗ったり、マーカーでメモをしたり、あるいは丸をつけたりと、1色（1本）のマーカーを自由に使えばよく、別のペンを用意する必要もありません。

とはいえ、こうした技術論は、個人的には人それぞれだと思っています。わたし自身もいまはそうしているというだけで（といっても、10年以上ずっと同じですが）、それを人に薦《すす》めるつもりはありません。要するに、自分に合うシンプルな方法を選べばよいので、この節で説明した方法はあくまで1つの参考例と考えてください。

11

記憶を強化する「ドッグイヤー」の工夫

先ほどは記憶力を高めるために「マーカーで本を汚す」という方法を紹介しましたが、正直なところ、わたしは本を読むときは道具やグッズなどを準備しないで、本だけで読みたいタイプです。なお、マーカーは常に携帯しているので、例外だとお考えください。

そのため、しおりを使うことは基本的にはなく（新潮文庫など本そのものについている紐《ひも》しおり〔スピン〕があっても使いません）、**ここまで読んだという印をつける場合や気になった箇所《かしょ》がある場合に、そのページの端《はし》（角《かど》）を少し折り曲げます**。これは「ドッグイヤー」（犬の耳という意味のようです）とも呼ばれています。

これも特別な決まりはありませんが、わたしの場合は、ここまで読んだという印をつける場合は該当《がいとう》ページの下の端を折り曲げておきます。次に読むときは、ほぼ自動的に、下の端が折り曲げられているページから読み始めます（読書を再開する位置がわかる「しおり効果」ともいえます）。

一方、電車の中などで本を読んでいて気になった箇所が出てきた場合などで、すぐにマーカーで色を塗れないけれど帰宅してから塗りたいと思ったときには、先ほどのしおり効果と混同しないように、ページの上の端を折り曲げておきます。そうして、帰宅後、ページの上にあるドッグイヤーを辿《たど》って、もう一度そのページを読み返してマーカーで色を塗ります。後で何かを調べたいと思った気になるページにも、ドッグイヤーは使えます。

ほかにも、登場人物が多い小説を読む場合には、初出《しょしゅつ》で名前と人物像の紹介のあるページが出てくるたびに、名前にマーカーで色を塗っておき、かつ後から「この人、どんな人だっけ？」という疑問を抱《いだ》いたときにすぐに検索できるように、ページの上の端にドッグイヤーもしておくという方法もあります。この方法は、人物が多くて読み進めるのに困難を感じてしまいがちな人にとっては、特に便利な読み方だと思います。わたしも、分厚い小説を読むときにはよくやります。

これも技術論なので、人それぞれだと思います。もし、あなたが気になったら、一度試《ため》してみください。なお、わたしが、道具などを極力使わないようにしているのは、本を読むことだけに集中したい——本に書かれた文章を味《あじ》わうことだけに没頭《ぼっとう》したい——という意思が働いているからです。

12 同じジャンルの本を続けて読んで記憶を固める

記憶する読書という意味では、「自由で気ままな読書」であるとしても、**同じジャンルの本を連続して読む**というのは効果があると思います。

例えば、国家財政について知りたいと考えたときには、Amazonのサイトで「財政学」や「財政」などのキーワードで検索して、該当する「**新書**」をまずは複数冊購入《こうにゅう》します。

新書のメリットは、しっかりとした内容のものが多いこと（その分野の専門の研究者が執筆していることが多く、〔表現はよくないかもしれませんが〕その分野に精通《せいつう》していない素人《しろうと》が執筆することはないと思います）、また価格も1000円前後でリーズナブルであること、適度な分量に抑《おさ》えられているものの情報量としては十分なことが挙げられます。

そこで、まずは新書を1冊読んでみて、また別の同じジャンルの新書を読んでみます。

もし、この過程《かてい》でとてもわかりやすい著者に出会ったときは、その著者の別の本（ジャンルは同じ）を購入して読んでみるのもよいと思います。

こうして、まずは新書で連続して同じジャンルの本を複数冊読んでみると、その分野についてはかなり詳《くわ》しくなります。読むたびに重複して繰り返し出てくる専門用語や仕組みなどは、記憶が定着しやすくなります。まるで大学の授業を受けて学んだかのような、お得感がそこには出てくると思います。

もちろん、新書でなくても同様です。ただ、個人的には、こうした目的のある読書については、細長で厚さも抑えられたサイズであるというハンディーさの点でも、内容の情報量がほどよい点でも、当《あ》たり外《はず》れが少ない点からも、さらには価格の点を考えても、新書がベストではないかと思っています。

新書で知識を得たら、新書ではない少し本格的な専門書（体系書）にも、ぜひチャレンジしてみてください。ただ、ここまで来てしまうと、「楽しむ読書」というよりも、すでに勉強になっているかもしれませんが。

13

複雑な歴史の本を読んで「時《じ》系《けい》列《れつ》年《ねん》表《ぴょう》」をつくる

☑ 歴史に関する記述が多い本の読み方

事実に関する詳細が、歴史的沿革《えんかく》として繰り広げられる本もあると思います。そのような場合には、例外的にですが、**本の欄外《らんがい》（余白部分《よはくぶぶん》）**などに、**読んだ箇所《かしょ》に登場した出来事《できごと》を時系列に並《なら》べた表や図をメモする**というのはありだと思います。

稀《まれ》に、複雑な時系列を頭に入れないと理解できない小説があります。この手のタイプの小説としては、**伊坂幸太郎《いさかこうたろう》**の『ラッシュライフ』（新潮文庫）がすぐに思いつくのですが、この本をわたしは3、4回読んでいます。

最初に読んだときは、わかったようでわからないモヤっとした感じで終わりました。しかし、再読《さいどく》してみたら、最初のほうに出てくる話が、後から考えてみると（一度読んでいるので）、いろいろ時系列がずれていて、登場人物がいろいろな時系列の中でつながっていることに気づきました。

『ラッシュライフ』
伊坂幸太郎（いさか こうたろう）、新潮文庫、2005年

独特な会話が織りなす不思議な物語が特徴の作家ですが、初期の大作です。案山子（かかし）が出てくるデビュー作『オーデュボンの祈り』がやや読みにくく、粗削りだったところに登場した洗練の第二作。一読して物語の世界が理解できれば、相当な読書家だといえるでしょう。複数回読むと、世界がつながります。

それで、再読《さいどく》したときは、文庫の最初のほうにある空白《くうはく》のページに次項《じこう》で説明するような「時系列年表」などをメモしてみました。そうしたら、話のつながりが明瞭《めいりょう》になり、その小説の「すごさ」がわかりました。

3回目に読んだときは、そんなすごさがあることを知りながらも、読書に没頭したいと考えました。そこで、時系列のメモなどはつくらずに、また意識せずに読みました。

ちなみに、本が汚れていたので、3回目はまた新しい本を買い直して読みましたが、新たな発見があるなど1回目や2回目とはまた違う楽しさがありました。

深い小説は、こうした再読にたえるものです。そして、読むたびに発見があるでしょう。

☑ 時系列年表をつくってスマホに保存する

わたしは、かつて憲法の歴史に興味をもって、憲法の歴史に関する本を100冊くらい読みまくっていた時期があります。読んでいたのは、司法試験の受験勉強で読む「憲法」の体系書や教材ではなく、憲法の制定の経緯などが詳細にわかる歴史的な視点で書かれた本で、ほかにも制定当時の文献などを古本屋で購入して読んだりもしました。比較の対象として、世界の憲法についての本も読みました。

◉時系列年表の例（筆者のスマホメモの抜粋）

1941年	太平洋戦争
1945年６月26日	国連憲章採択（サンフランシスコ）＝９条１項のモデル
７月26日	ポツダム宣言、鈴木貫太郎首相、黙殺
８月６日	①広島原爆（14万人）
８日	ソ連、対日宣戦布告→９月５日まで侵攻
９日	②長崎原爆（７万4000人）
14日	ポツダム宣言受諾
29日	連合国軍 総司令部（GHQ）横浜に設置
９月２日	降伏文書調印（ミズーリ号、東京湾） 戦争終結の日（国際法）
10月９日	幣原喜重郎内閣成立（外相吉田、国務相松本）
25日	憲法問題調査委員会（委員長、松本烝治国務大臣）
12月８日	松本国務相、憲法改正４原則 （天皇統治権総覧者、議会の議決条項の拡大、国務大臣の権限拡大、自由・権利の強化）
15日	衆議院議員選挙法改正案成立（婦人参政権）
1946年１月１日	天皇人間宣言
24日	幣原首相、マッカーサーを訪問し会談
２月１日	毎日新聞が憲法問題調査委員会の改正案（試案）をスクープ 天皇に統治権、国民の権利もなし
３日	マッカーサー３原則（マッカーサー・ノート） GHQ民政局に命令（天皇最上位、戦争放棄、封建制度の廃止）
４日	GHQ民政局、９日でGHQ案作る
13日	GHQ案を日本政府に渡す
19日	幣原首相、GHQ案を閣議に報告
21日	幣原首相、マッカーサーと対談
３月６日	憲法改正草案要項発表（政府）
４月10日	衆議院議員総選挙（明治憲法下最後の選挙。貴族院なし） 憲法より米だ、婦人の日（初めて女性が選挙権行使）
17日	憲法改正草案発表
５月３日	東京裁判開廷
22日	吉田茂内閣成立、金森徳次郎憲法担当大臣
６月20日	憲法改正案、第90臨時帝国議会に提出
８月24日	衆議院議決
10月６日	参議院議決
７日	憲法成立
11月３日	日本国憲法公布
1947年５月３日	日本国憲法施行

このときは、GHQ（連合国軍最高司令官総司令部）がどの時点から関与していたかとか、ポツダム宣言などの終戦までの歴史的出来事《できごと》が起きた年月日であるとか、戦後、いつ憲法が公布され、いつ施行《しこう》されたかという基本事項の間に存在するさまざまな史実（帝国議会の開催や、戦後の選挙など）について本で読むたびに、詳細な「時系列年表（メモ）」を作成してスマホのメモ機能に保存していました（右の表は筆者のメモです）。

なぜなら、興味本位で始めた「自由で気ままに楽しむ読書」だったのですが、複数の本を読んでいくうちに歴史の時系列で整理されたデータが頭に入っていないと、深い思考ができないことに気づいたからです。

時系列年表をスマホに保存しておけば、仮に細《こま》かな年月や時系列の前後関係を忘れてしまっても、すぐに確認することができます。この確認作業を何回か繰り返せば、確実に記憶を定着させることができます。なぜなら、反復継続《はんぷくけいぞく》することになるからです。ただし、これは、試験を受けるためにやったわけではなく、やはり自分が楽しむための情報収集および記憶であり、あくまでも趣味としての読書でした。

もっとも、わたしの場合は、これらの読書を活《い》かして、憲法改正の小説（木山泰嗣『小説で読む憲法改正』〔法学書院〕）も執筆したので、仕事にもつながっていた部分はあります。そういう意味では、読書も仕事と無関係でなければいけないということは決してありません。

興味もあって、かつ仕事にも関連する知識を読書で得れば、その知識を仕事に活用できる場合も出てくるでしょう。

それはそれでよいことだとは思いますが、注意すべきは、読書をそれだけにしない、もっとダイレクトにいえば、**仕事に直接役に立たないと思う本でも読む**、ということです。

わたしは憲法の歴史の本を読んでいたときも、別のジャンルの学術書や小説も併読《へいどく》していました。あくまで趣味の読書の中に、仕事にも使える読書もあるという状態ですね。

14 統計《とうけい》データがよく出てくる本を読んでスマホに基礎情報を保存する

統計データが数多く引用《いんよう》されている本もあります。こうした**統計データもメモ（記録）しながら読むと、記憶が定着しやすくなる**と思います。「メモを取りながら本を読まない」と繰り返し述べていますが、この統計データも例外です。

わたしは、スマホのメモ機能に主要な数字を入力して保存しています。

これらの数字は、本から入手《にゅうしゅ》したデータがほとんどですが、本を読んでいるときに気になるものが出てきた場合には、スマホで検索して情報を得ることもあります。そういう意味では、読書をきっかけに得る統計データといってもよいかもしれません。

わたしは大学で教員をしているということもあり、専門分野に直結するデータは特に最新の情報を毎年更新して、スマホにメモしています。国家の一般会計における収入、特に租税《そぜい》収入の内訳などは毎年チェックしていますし、毎年6月に更新される税務訴訟の新規《しんき》件数《けんすう》や勝訴率《しょうそりつ》などもチェックしています。給与所得者の数、国税職員の数、弁護士の数、税理士の数などの基礎情報も調べてメモしていますが、実際には概数《がいすう》（おおよその数）を記憶しています。日本の人口もそうです。

こうした数字を記憶していると、統計データが数多く載っている本でも勢いをつけて読むことができます。なぜなら、統計データが出てきたときに「なんだ数字かよー」と唸《うな》ることなく、「おお、この数字ね」と前のめりになれるからです。

また、こうした統計データに対して敏感になると、知らなかった分野の統計データなどをみたときにも、アンテナが立っているため、新鮮に映《うつ》ると思います。そうすると、やはり記憶が定着しやすくなりますし、数字がよく出てくる本でも関心をもって没頭して読めるようになるでしょう。

つまり、「本をスラスラ読める」とは、基礎情報をどれだけ知っているかの勝負だと思うのです。**読めば読むほど速くなり、正確に記憶される**というのは、理《り》にかなっています。

読書を重ねることにより基礎情報が増えるため、本に記載されている内容にも既知《きち》の情報が多くなり、そうした既知の情報をみることは「記憶の確認作業」になります。逆に、**未知《みち》の情報は新鮮にみえるので情報吸収率《きゅうしゅう》は高くなります。**その結果、本を読んでいる人ほど、短い時間で新しい情報をどんどん吸収して記憶していくことができるのです。

第3章

「思考力」を高める読書の技術

1 仮説を立てて「世の中」のニーズを探りながら読む

☑ 潜在的な時代の要請を探ろう

本を読むことで、記憶力が鍛えられることについては、前章でお話をしました。同時に、読書は「思考力」も高めてくれるものです。

そのポイントとしては、「なぜ（Why）？」を常に考えながら読むとよいことをすでに指摘しました（82ページ参照）。本章では、より具体的に「思考力」を高めるための方法をお話ししたいと思います。

流行のビジネス書、特に翻訳書のタイトルをみていくと、その時代の新しい潮流《ちょうりゅう》を読み取ることができます。前述の2009年に刊行されてベストセラーになった『FREE《フリー》』という翻訳書は、いまでは当たり前となったFacebookやTwitter、そしてLINEなどの「無料」で利用できるSNSビジネスの先駆《さきが》けを提示《ていじ》していたといえるでしょう。

近年では、「キャッシュレス決済」「SDGs《エスディージーズ》」「暗号資産（仮想通貨《かそうつうか》）」「シェアリングエコノミー」「5G《ファイブジー》」「Amazon《アマゾン》」などのキーワードをタイトルに入れた本を書店や新聞広告などでよくみかけます。

こうしたテーマの本は、これまでの時代にはなかったビジネスモデルを提示するものです。ビジネスに関与する社会人にとっては、仕事の日常会話の中で出てくる新しい用語です。直接関係がある人はもちろん、関係がなくても時流に乗り遅れたくないと考える人のニーズが、特に手軽に読めるような入門書に集中するためにベストセラーになるのです。

もっとも、これらの本は、そのタイトルにあるテーマそのものに新しいニーズが示されているわけですから、わたしのように、それらの本を読まなくても「キーワード」を頭に入れておけば、役立つ情報になるともいえます。つまり、本を読まなくても、書店に立ち寄り、そうした新しいワードがタイトルに入った本が大量に陳列《ちんれつ》され、ベストセラーランキングに入っていることを目にするだけで十分ともいえるのです。

ここでお話ししたいことは、そうしたわかりやすいニーズのことではなく、本を読むときに「いまある世の中のニーズとは何だろう?」と、**いわば言語化《げんごか》されていない潜在的《せんざいてき》な時代の要請《ようせい》を探《さぐ》ってみよう**、ということです。

☑ 本を読みながら、あるいは本を読んだ後に仮説を立てる

東日本大震災が起きた2011年に、サッカーの長谷部《はせべ》誠《まこと》選手が書いた『心を整える。』（幻冬舎）がベストセラーになりました。いまでも著者が現役で有名であるということもあってか、若い人にも読まれ続けているようです。しかし、このベストセラーのタイトルどおりのテーマ「心を整える」は、時代背景を考えると、東日本大震災や福島第一原子力発電所事故といった未曾有《みぞう》の災害が起きた年に、日本の人々が潜在的に何を求めていたかを表しているといえます（この本が出版される直前の2020年の春にはパンデミックにより感染症やウイルスの本が売れ、**カミュの『ペスト』**（新潮文庫）が大ヒットしていました）。

かつては、クイズ番組が流行するときは不景気だといわれたこともありますが、テレビをみるだけでなく、読書をする習慣をもっていると、「この1年でよく読むタイプの本があったな」とか、「最近、このテーマの本が増えているな」というように、自然に時代の空気を感じる瞬間がよくあります。

そのときは、いろいろな仮説を立てて「どうして、このテーマの本が売れているんだろう?」「なぜ、いまこの雰囲気の本が多いのだろう?」というように考えてみましょう。

考える対象は、本のタイトルや装丁《そうてい》（カバーデザイン）、著者の職業、さらには本の形態（ハ

『ペスト』

カミュ（著）、宮崎嶺雄（訳）、新潮文庫、1969年

ペストが流行し、閉鎖された都市の市民たちを描いた小説です。著者の『異邦人』には、不思議な魔力があります。学生時代のわたしの心もわしづかみにされましたが、ほかの作品は読んでも深く入ってきませんでした。2020年の春に、自宅の本棚で眠っていた本書を読むと、染み入ってきました。

ードカバー、ソフトカバー、判型〔四六判《しろくばん》、A5判、新書、文庫〕の別）、本で扱われている事柄などです。本を読みながら考えるのもよいですし、読書を終えた後に歩きながら考えてもよいと思います。

カフェで本を読む習慣が10年以上ある経験からいいますと、読書にハマりすぎると、ずっとカフェで何冊も読み続けることがあります。このように、本を長時間読み続けると、少し身体が圧迫《あっぱく》されたり目が疲れたりするなど、疲労が蓄積《ちくせき》してしまうこともあるので、少し読んでみて「なぜ、流行《はや》っているんだろう？」と思うような瞬間があれば、疲労を緩和《かんわ》することができます。そのときに、本を閉じてテーブルの上に置き、窓の外を眺《なが》めながらコーヒーをゆっくり飲んでみるのもよいでしょう。ブレイクの時間を取るのですね。

また、自問自答しながら、世の中のニーズについて、いろいろ仮説を立てて考えてみると、読書によって思考をする習慣もでき、考える力が向上すると思います。

卑近《ひきん》な例を出しますと、前田裕二の『メモの魔力《まりょく》』（幻冬舎）が2019年に売れていました。内容は読んでいませんが、なぜ「いまメモなのか？」と考えてみますと、わたしたちの世代ではアナログのノートや紙にメモすることは、比較的当然のことだったわけです。

しかし、本書でもスマホのデジタルのメモ機能を推奨してきたように、若い人はもちろん、世代を問わずデジタルな情報処理をスマホ1つで行う時代です。そこで、逆に「紙に書くメモ」の重要性を提示したことが注目を集めたと考えることもできるでしょう。

世の中のニーズを本から推測するというのは、なかなか高度なものだったかもしれません。しかし、「**ベストセラーは『時代の空気』を表《あらわ》す**」ということは昔からいわれていて、それはある意味、事実でもあると思います。

澤村修治の『**ベストセラー全史《ぜんし》【現代篇】**』（筑摩選書）は、過去の日本のベストセラーを分析した大部《たいぶ》な（ページ数も多い）本です。ユニークな切《き》り口《くち》で時代を本とともにとらえています。この本を読まなくても、ネットで検索すれば過去の日本の年間ベストセラーを調べることができますが、本にも流行と歴史があります。

いまだけをみてもわからないときには、5年前、10年前、20年前、30年前と遡《さかのぼ》ってみると、多湖輝《たごあきら》の『頭の体操』（光文社）が大流行していた時代や、ファミコンのゲームソフトの攻略本が上位にランクインしていた時代もあり、売れていた本と時代の娯楽との関連性もみえてきたりします。

『ベストセラー全史【現代篇】』

澤村修治（さわむら しゅうじ）、筑摩選書、2019年

ベストセラー本を読み解く500ページを超える本。1945年から2018年までの年間ベストセラーを紹介し、時代を振り返りながら評論しています。国語の論説文のようなイメージかもしれません。注釈も多く学術書的ですが、過去の時代の空気に触れる好奇心がくすぐられることは間違いありません。

2

同じテーマのさまざまな考え方の本を読めば「しなやかな思考力」が身につく

☑ 好きな著者の本ばかり読んでいると「思考の幅」が狭くなる

前節では、仮説を立てたり、推測をしたりする、やや高度な本の読み方を紹介しましたが、本節では、王道的《おうどうてき》な読み方を紹介します。それは、「**さまざまな考え方の本を読む**」ということです。王道的といいましたが、現実には多くの読書家が、なかなか実践できないタイプの読み方です。なぜかといえば、本が好きな人ほど、好きなジャンル、好きな作家が固まっていて、基本的には、そうした好きな本しか読まなくなるからです。

わたし自身も、30代で読書の習慣を身につけた当初は、小説でも一般書でもどんな著者がいるのかも知りませんでしたので、著者で本を選ぶことができず、タイトルで選んで本を買って読んでいました。

しかし、本をたくさん読んでいると、次第《しだい》に「この本は面白かったなあ」というような文章が肌《はだ》に合う著者にめぐり合うことができます。そうすると、その気に入った著者の別の本を探して読むようになりました。さらに、別の本を読んでも「やはり面白い」と思うと、その著者の本を大量に購入《こうにゅう》して読んだりすることもありました。あまり同じ著者の本を読み続けていると飽《あ》きてくるので、そうした場合には別の著者の本と併読《へいどく》するようにしていました。

いずれにしても、数多くの本を読めば、好きな著者が一般書でもビジネス書でも小説でも徐々《じょじょ》に増えていきます。すると、好きな著者の新刊が出るとすぐに買うという「本を買う喜び」も得られるようになりますが、この状態を数年続けていると、意識しなければ、同じような肌に合う考えの著者の本だけを読む状態になってしまいます。

「気ままで楽しむ読書」を推奨する本書としては、それでも基本的にはよいと思う一方で、**偏《かたよ》りが出てしまうと、思考に幅《はば》が利《き》かなくなる**という懸念《けねん》も生じます。

そこで、読書の習慣をこれから身につけようと思われている人は、ぜひとも、同じテーマでも、さまざまな考え方の著者の本を読んでみてください。また、すでに読書の習慣が身についている人も、たまには好きでない著者や考え方が自分とは異《こと》なる著者の本も読んでみましょう。もっとも、「左派系《さはけい》の考え方」が好きでない人は、その手の思想が色濃く書かれた本は読めないかもしれません。これは、逆もしかりでしょう。

ある程度、年齢を重ねて考え方が固まってきた人には、その意味では無理に自分の考え方とは真逆《まぎゃく》の考え方の著者の本を読むことまでは、決しておススメしません。しかし、そうした思想的なものではない観点でいえば、例えば「キャッシュレス決済」であれば、この利点《りてん》を説く本を読むだけでなく、問題点を指摘する本も読んでみるとよいでしょう。また、テーマごとに賛成派と反対派、あるいはどちらの立場というわけではなくても、ほかにない視点を提起している著者もいるので、そうした著者の本を読むのもよいと思います。

このように、1つのテーマに関するさまざまな観点の指摘を知るということは大事です。研究者として書く論文で、1つの判例の評釈《ひょうしゃく》を執筆するときでも、結論に対して賛成している、反対している論文はもちろん、結論には賛成していても理由には反対している論文など、さまざまな論文を読んで、議論を整理することから始めます。研究では、存在する評釈はすべて読むのが基本です。そこで、まずは立場にかかわらず、関連する論文を収集するのですが、本を読むときでも、同じように考えてよいと思います。興味のあるテーマ、深く知りたいテーマがあるときは、複数の著者の本を読んでみましょう。

わたしの体験をいいますと、この方法で文章術（文章読本）や読書術の本をそれぞれ軽く100冊以上は読んできました。さまざまな方法や意見が提示されているのをみることで視野が広がりましたが、「こんな方法は自分にはできないな」と思う意見も含《ふく》めて、同一テーマでいろいろな本を読み続けると面白いものです。読書術の本については、本書がまさにこのテーマですが、自分の読書スタイルが確立して定着してからはほとんど読まなくなりました。

☑ さまざまな側面から物事《ものごと》をみて思考力を鍛える

いまから10年以上前の2008年に、読書術の本を書いたことがあります。そのころのわたしは30代前半で、年間400冊以上読んでいた「読書にハマり始めた時代」でした。当時は、古典を中心にありとあらゆる読書術の本を読みました。他方で、文章術の本は、作家が書いた本であれば、いまでも読みます（ビジネス書は、いまの自分には必要がないと思うものが多いので、あまり読みません）。

また、憲法の歴史に興味をもっていたときは、改憲《かいけん》派（憲法改正派）の本も護憲《ごけん》派（改正反対派）の本も両方読みました。憲法改正は視点により考え方も変わってきます。専門家の憲法本でいえば（最近は専門家でない人がなぜか書いているものがありますが）、どちらの考え方であっても理屈が丁寧《ていねい》に示されているため面白く読むことができます。

誰でも自分の考えがあると思いますが、その考えが本当に妥当なのかを反対の考えの著者が提示する批判や指摘を踏まえて考えていくことになります。こうした思考プロセスを体験できるのは、さまざまな考え方の著者の本を読むことで得られる醍醐味《だいごみ》でしょう。

わたしが大学（法学部）に入学した直後に、オリエンテーション合宿がありました。2日目は朝から新入生は広い場所に集まり、当時その大学の法学部に在籍《ざいせき》していた2名の刑法学者の対談をみました。まだ授業も始まっておらず、法学の〝ほ〟の字も知らない新入生が刑法の最先端の議論（だったのだと思います）をみるのです。

そのとき、異なる立場の研究者同士の白熱した議論をみても、正直なところ、当時のわたしは何の話なのか専門用語が難しくてさっぱりわかりませんでしたが、異なる立場の学者がいるということは、とてもよいことだと思いました。

同じ刑法という学問分野であっても、考えが対立している複数の学者から教わる学問内容は違ってみえてくるでしょう。**一方の側面からだけではなく、反対の側面からも物事をみておくことは、しなやかな思考力を身につけるためにはとても大事**です。本は読み方次第で、これを実現させてくれます。

さまざまな著者の本を読めば、そうした侃侃諤諤《かんかんがくがく》の議論を聞くかのような体験ができるのです。これも読書の醍醐味ですね。

3

複数の本を読むときは共通項《きょうつうこう》をみつけ出す

☑ 司法試験で挫折《ざせつ》を繰り返して得た教訓《きょうくん》

わたしが弁護士になるために受験した旧司法試験は、合格率2％（98％は不合格になる）という過酷《かこく》な試験でした。大学卒業後、この試験に4回チャレンジして合格することができたのですが、最後の1年間にしたのは、新たな勉強ではなく、論文試験に合格するための「論文の書き方」の研究でした。

具体的には、司法試験合格者の合格体験記が掲載された各種出版物を買い集めて、過去5年分以上の合格体験記を読み漁《あさ》ったのですが、ただ漫然《まんぜん》と読むのではなく、合格者が論文試験合格のために意識したことの**「共通項」を探す**ようにしていました。合格者はそれぞれ異なることをいっている部分も多いのですが、「共通項をみつけよう」という視点で読んでいくと、「お宝ザクザク」ではないですが、たしかに共通する部分がありました。

その共通項を調べてノートに書き写し、それを整理して、合格答案のイメージがつかめるまで、合格体験記を読み漁り続けました。そこで得た教訓は、**「どの分野でも成功を収めた人を調べて研究すれば、必ず『共通項』がみえてくる」**ということでした。司法試験で不合格を繰り返した挫折から、ようやく素直になり我流《がりゅう》を捨てることができたのですが、これはハッとさせられる経験でした。

この教訓は、弁護士になってからも役に立ちました。国（国税当局）と対峙《たいじ》する税務訴訟《ぜいむそしょう》は、勝訴率《しょうそりつ》が低く（2018〔平成30〕年度は3%しかありません）、難しい行政訴訟です。

納税者（国民）側の訴訟代理人をしていたころに、難しい訴訟に勝訴した弁護士が裁判所に提出した書面を研究するため、裁判所に赴いて膨大《ぼうだい》な訴訟記録を閲覧《えつらん》していたのです。それは、勝訴判決《はんけつ》を得た敏腕《びんわん》弁護士の生《なま》の書面を実際にみるという試《こころ》みでした。

そうした書面を読んでみると、納税者が勝訴した事件の担当弁護士は、さまざまな書き方をしていました。しかし、彼らの書面にはキラリと光る「共通項」、すなわち通常であれば勝訴する国側《くにがわ》の書面を圧倒《あっとう》する「説得力」がありました。

☑「共通項」と「相違点《そういてん》」を探しながら読む

こうした共通項探しは、読書をするときにも応用できます。同じテーマについてさまざまな著者が同じように述べていること、つまり別の著者が書いた複数の本における共通項を探すという方法です。また、一人の著者が複数の本で言い続けている共通項を探すという方法もあります。

わたしがよく読む著者である**齋藤孝《さいとうたかし》教授**は、いまでは著名なベストセラー作家になられましたが（テレビでも有名ですね）、まだそれほど世に知られていない初期のころから、本の中で「技《わざ》」という言葉を頻繁に使用されていました。そのことに気づいてから、次の本を読んでいるときに、「技」という言葉が出てくると、自分だけ知っていることをみつけたようで嬉《うれ》しくなりました。

嬉しくなるのは、自分で数多くの本を読み続けたからこそ得られた「発見」に対する感動的要素（達成感）があるからでしょう。**一人の著者がさまざまな本で、ある言葉を使い続けているのは、その言葉に対する著者のこだわりがあるため**だともいえます。そういう視点をもって、その著者のまた別の本を読んでいくと、そのキーワードのような言葉に込められた著者の想いに気づく文章に出合える可能性が高まります。

これは、著者の好《この》む言葉に思想が表れる一例だと思います。著者分析でなく、内容分析においても、「共通項探し」という視点は役立つはずです。

ここで、「共通項探し」をしながら本を読む場合には、**同じ部分である共通項をとらえ**

たうえで、異なる部分である「相違点」もみつける必要があります。さらに、これを前提に、**「なぜ、共通項があるのか？」**を考え、次に**「なぜ、共通項があるにもかかわらず相違点が生じるのか？」**、その根本的な理由も探ることが重要です。

このように共通項と相違点を探しながら、本に綴《つづ》られるさまざまな論点やテーマについて思考する習慣を身につければ、本を読むだけで自然に「思考力」が鍛えられる環境をつくることができるでしょう。

4

斬《ざん》新《しん》なアイデアは既《き》存《そん》の概《がい》念《ねん》の組み合わせから生まれる

☑ 既存の概念の斬新な組み合わせから生まれたベストセラー

ジェームス・W・ヤングは、「**アイデアは既存の概念の組み合わせである**」と、著書『**アイデアのつくり方**』（今井茂雄〔翻訳〕、竹内均〔解説〕、CCCメディアハウス）の中で述べています。同書は名著《めいちょ》なので、読書の対象としてもおススメです。

アイデアというと、無《む》から有《ゆう》を生むような創造的行為だと思われがちです。しかし、そうではなくて、もともと存在している既存のものと既存のものが、これまでにない形で結びつくこと、これが「アイデア」だというのです。

本のタイトルや、新しい小説のヒット作などをみていると、この視点が取り入れられているものが多いです。

例えば、**岸見一郎と古賀史健**の『**嫌われる勇気**』（ダイヤモンド社）という本が2013年に刊行されてベストセラーになりましたが、「嫌われる」ことも「勇気」も、もとも

『アイデアのつくり方』

ジェームス・W・ヤング（著）、今井茂雄（訳）、竹内均（解説）、CCCメディアハウス、1988年

薄くてコンパクトですが、広告業界では古典的名著とされ、ビジネス書として古くから読み継がれてきた作品です。わたしも授業で紹介し続けています。アイデアの源泉をごくシンプルなひと言でいい当て、そこに汎用性・普遍性があるから、すごいです。解説も面白いです。

とある既存の概念ですが、両者を結びつけるアイデアはあまりなかったはずです。この本の特長は、アドラー心理学の要諦《ようてい》を読みやすく、刺さるように会話で構成した点にあります。「課題の分離」など、タイトルを上回るほどの中身《なかみ》の斬新さがあったため、ロングセラーになっているのでしょう。

こうした既存の概念の組み合わせから生まれたタイトルのアイデアが、新刊本でヒットしていることは多いです。

そういう観点で、「売れている、売れていない」にかかわらず、面白いなと思った本があったら、そのタイトルを分析してみてください。そうすれば、その本を買ったときや読み始めたときには気づかなかった、「なるほど」と思わず膝を叩くようなアイデアが、じつはその本のタイトルにしっかりと忍《しの》ばせられていることが多いはずです。

☑ 新しいアイデアを探しながら本を読むと面白い

2018年に刊行された**田中靖浩**の**『会計の世界史』**（日本経済新聞出版社）がヒットしました。「会計」と「世界史」という既存の概念を結びつけたことがアイデアかと思うと、そこはそれほどの新規性《しんきせい》はなかったと思います。なぜかというと、似たようなタイトルの本に、**ジェイコブ・ソール**が書いた**『帳簿《ちょうぼ》の世界史』**（村井章子〔翻訳〕、文春文庫）とい

『会計の世界史　イタリア、イギリス、アメリカ――500年の物語』
田中靖浩（たなか やすひろ）、日本経済新聞出版社、2018年

分厚い本ですが、エンタテインメント要素がふんだんで、飽きずに読み進められます。イタリア、イギリス、アメリカと、500年の物語を「会計」を軸に紡いだ大著（たいちょ）ですから、少しずつ数か月で読んでもよいでしょう。歴史を楽しく学ぶことが、徹底追求された作品です。

う本があって、こちらのほうが以前から存在していたからです。

そうすると、むしろ既存の本のタイトルを真似《まね》したかのようにもみえるタイトルであったわけです。では、どこに斬新なアイデアがあったのでしょうか？

じつは、帯《おび》にヒントがあって「会計エンタテインメント」と書かれています。分厚い本ですが、424ページあるこの本をわたしは時間をかけて完読《かんどく》しました。ボリュームがあり会計史を学ぶことができましたが、特に面白かったのは、「会計の歴史（世界史）」と「エンタテインメント」が結びついたところでした。


このように、アイデアは必ずしもタイトルだけにあるのではなく、コンセプトにある場合もあります。ぜひ、既存の組み合わせとしての新しいアイデアが、どこにあるのかも考えながら、本を読んでみてください。きっと、さまざまな発見があって読書がより楽しくなると思いますし、それによって、新しいものを創造するための思考力が鍛えられるでしょう。

5 天才的な作家やクリエイターが綴《つづ》った技術本はアイデアの宝庫

☑ 面白い小説の魔力《まりょく》

こうしたアイデアが生まれるかどうかは、著者の個性や能力にかかっている面が強いと思います。ビジネス書の場合には、著者が作家ではなく、経営者やスポーツ選手や芸能人など本業《ほんぎょう》をもつ人も多く、本の真《しん》の書き手なのか微妙な場合もあります。

しかし、いわゆる作家としての小説家は、誰も考えなかったような見事な物語を紡《つむ》ぎだし、絶妙《ぜつみょう》としかいえないタイトルで作品に仕上げています。

伊坂幸太郎の**『アヒルと鴨《かも》のコインロッカー』**（創元推理文庫）、東野圭吾《ひがしのけいご》の**『容疑者《ようぎしゃ》X《エックス》の献身《けんしん》』**（文春文庫）、松本清張の**『点と線』**（新潮文庫）、村上春樹の**『1Q84《いちキュウはちよん》』**（新潮文庫）、村上龍《むらかみりゅう》の**『限りなく透明に近いブルー』**（講談社文庫）は、いずれも大ヒット小説です。これらの物語を、わたしは30代の弁護士時代に読み、深く感動しました。読み終えた余韻《よいん》を味《あじ》わいながら、そのタイトルを眺《なが》めて「本当にすごい作品だな」と唸《うな》ったもの

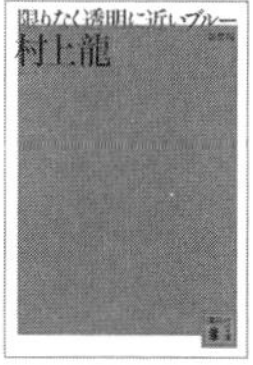

『限りなく透明に近いブルー（新装版）』
村上龍（むらかみ りゅう）、講談社文庫、2009年

1976年に刊行された作品の文庫新装版。著者のエッセイは結構好きなのですが、小説は数点しか読んでいません。それでも、作家のすべてが詰まっているといわれるデビュー作。優れたタイトルと、アンニュイな冒頭のシーンは衝撃的。当時の新人の文才があふれ出る珠玉（しゅぎょく）の作品です。

です。

仕事が忙しい人には「小説には手が出しにくいんだよなあ」と思う人もいるかもしれません。でも、面白い物語は電車の中の移動時間や、カフェなどで過ごすお昼休みの時間など、ちょっとしたすき間時間でもグイグイ読めるものです（「お家時間《うち》」でも、取り入れられます）。むしろ、**小説は短いすき間時間を「心躍《こころおど》る時間」に変えてしまうほどの魔力すらもっている**と思います。ぜひ、ここに挙げた小説からでも読んでみてください。

☑ 天才的な芸術家やクリエイターの本を読む効能《こうのう》

小説などの物語でなくとも、著者の天才性が散りばめられた本にも計り知れない魔力があると思います。わたしがこれまで読んできた本の中で、特に印象に残る著者としては、画家の**岡本太郎**、建築家の**安藤忠雄《あんどうただお》**、そして、スタジオジブリの映画監督である**宮崎駿《はやお》**とプロデューサーの**鈴木敏夫《としお》**です。彼らには本業があるので、どこまでご自身で書かれたかは定かではありませんが、インタビュー形式の本も多いです。しかし、優《すぐ》れた芸術家（アーティスト）やクリエイターの言葉の端々《はしばし》には、突き刺さる刺激が多々《たた》あります。

彼らが創造した作品を思い浮かべながら彼らの本を読むと、自分が芸術家やクリエイターではなくても、クリエイティブな力がみなぎってくる気がしてきます。また、彼らの考え方を本で読んで知ってから、彼らの作品を観《み》ると、作品に込められた意味やヒストリーがわかり、深い感動が得られることもあるはずです。

書店には現在置いていないような古い本でもAmazonでは簡単に検索ができ、すぐに購《こう》入《にゅう》することができます。これはとても便利です。すでに亡くなった故人《こじん》が、じつはこんな本を書いていたという発見は、読書をしているとよくあります。

例えば、昭和の漫画家である**手塚治虫**《てづかおさむ》、**藤子**《ふじこ》**・F**《エフ》**・不二雄**《ふじお》、**石ノ森章太郎**《いしのもりしょうたろう》は、自《みずか》ら漫画の描き方について本を書いています。順に挙げると、**『マンガの描き方』**（光文社知恵の森文庫）、**『藤子・F・不二雄のまんが技法』**（小学館文庫）、**『石ノ森章太郎のマンガ家入門』**（秋田文庫）です。これらは技術的なことを丁寧《ていねい》に書いているため、漫画家を目指す人に参考になるのはもちろんですが、広く創作《そうさく》などのクリエイティブな仕事をされる人にとってはヒントになると思います。

また、日常的に創造的な仕事をしているわけではなくとも、誰にでも多かれ少なかれクリエイター的な発想が必要な場合があるはずです。そういうときのヒントにもなりますし、純粋《じゅんすい》に『ブラックジャック』や『ドラえもん』や『仮面ライダー』を描いていた漫画家がどんな発想で、どのように仕事をしていたのかを知る読書としても楽しめるはずです。

この手の故人の本——古典的名著は、どの分野でも必ずあるはずです。読書に慣れてきた

『藤子・F・不二雄のまんが技法』

藤子・F・不二雄（ふじこ　えふ　ふじお）、小学館文庫、2000年

1988年に刊行された作品の文庫版。企画を立てて実行する人に、広く参考になる本です。個人的には小説や物語を書くときに、勇気をもらいました。自信と劣等感は作品の両輪。昔バカにした作品を見返すと、プロの存在理由がわかる。そんな指摘を、ドラえもんを思い出しながら味わえます。

ら、試《ため》しにそうした古典的名著を入手《にゅうしゅ》して読んでみましょう。そこで、また1つ、あなたの**思考に深みが増す**と思います。

さらに、偉大《いだい》な故人が書いた作品を読めば、その時代にタイムスリップしたような時空《じくう》を超えた感覚を味わうこともできます。後世《こうせい》に名を刻んだ人は「やはり、すごかった」とわかるでしょう。なぜなら、数十年前に書かれたものなのに、**いまでもそのまま通用《つうよう》する哲学**がそうした本には語られているからです。

なお、法律家のジャンルであれば、民法の泰斗《たいと》（大家《たいか》）である**我妻榮《わがつまさかえ》**の講義を本にしたものなどがあります。**『法律における理窟《りくつ》と人情《にんじょう》』**（日本評論社）という本などですが、含蓄《がんちく》があります。法学部生や、法学に興味のある高校生・中学生、そして弁護士や裁判官、検察官、法学者などを目指す人だけでなく、すでに法律に携《たずさ》わっている人にも面白いと思います。また、法学の世界を垣間見《かいまみ》たい社会人の方にも、読みやすいと思います。

『法律における理窟と人情』

我妻榮（わがつま さかえ）、日本評論社、1955年

民法学者の泰斗（たいと）が書いたエッセイ（講演録）です。わたしは弁護士時代に、この著者の古い本をひも解くと、答えのない現在の税務問題のヒントが不思議とみつかることがありました。偉大なる名著ですが、とても読みやすい文章で、法学とは何かを知ることができます。

6 頭の回転が速い人の思考プロセスを本でゆっくり確認する

☑ 文系のわたしが理系作家の作品に魅了される理由

読書の醍醐味の1つに、**作者の頭の中を「のぞき見《み》」できる**ことが挙げられます。これは、声・表情・動作などを使って読み手に伝えることができない本という媒体《ばいたい》がもつ独特な特性の1つといえます。

文章だけで事実や考えを読み手に伝えるためには、正確な記載が必要であるということもあるかもしれません。しかし、必ずしも正確でなくてもよくて、現実には文章を媒体にした本では、あえて感覚的なことやモヤっとしたことを、さまざまな角度から文章で表現することを試《こころ》みる、ということすらできるのです。

1949年に日本人で、はじめてノーベル賞を受賞した理論物理学者の**湯川秀樹《ゆかわひでき》**が書いた本も、その一例です。湯川秀樹は漢学（中国の古典）にも素養《そよう》があり、**『旅人』**（角川ソフィア文庫）などの著書を読むと、物事《ものごと》一般に対する考え方も鋭《するど》く、わかりやすく示され

『旅人　ある物理学者の回想』
湯川秀樹（ゆかわ ひでき）、KADOKAWA／角川ソフィア文庫、2011年

理論物理学者であり、日本人初のノーベル賞受賞者である著者の半生が描かれた作品です。著者は理系であるため、文系の人にとっては難しい話が展開されるように思われるかもしれませんが、漢学にも素養があり、しっかりとした国語を修得していたことがわかる好著です。

ています。数学者の**岡潔**《おかきよし》のエッセイ、例えば『**数学する人生**』（新潮文庫）なども示唆《しさ》に富《と》む記述が豊富《ほうふ》で面白いです。なお、思考実験を本の中で展開し続けている**保坂和志**《ほさかかずし》という作家もいるのですが、この点は後述《こうじゅつ》します（185ページ参照）。

一般向けの本の著者の多くは文系出身であることが多いのですが、わたしは自分が文系の人間なので、理系でかつ文章力もある著者の本を読むと「すごいな」と思います。例えば、理系作家の東野圭吾や**森博嗣**《もりひろし》が小説家としては稀有《けう》な存在として、ほかの多くの文系作家にはない独特《どくとく》な理系思考がにじみ出た小説に価値が見出されているように思います。

前節でも触れた東野圭吾の『容疑者Xの献身』は、220万部を突破し映画化もされた人気作品ですが、もともとは東野圭吾のガリレオシリーズ（理系的アプローチを取り入れた推理小説のシリーズ）の1冊でした。主人公が天才数学者で、かつ高校教師でもある点でも、他ではあまりない小説の主人公といえるでしょう。もっとも、最近の小説は、ありとあらゆる職業の人物が主人公になっているように思います。

それはさておき、**文系の人間にとっては、独特な理系の著者の発想が文章化された本を読むことで、理系の思考を味わうことができます。**読書の良さは、相手のスピードに左右されない点です。その人に実際に会って話をしてみたら、ものすごく早口で、使われる言葉も難しくついていけなかったということが起きるかもしれません。

『数学する人生』

岡潔（おか きよし）（著）、森田真生（もりた まさお）（編）、新潮文庫、2019年

文化勲章受章者である数学者によるエッセイです。著者は1978年に他界されているため、編者により息を吹き込まれた作品です。数学者などの理系の方で稀（まれ）に文才のある著者が描くエッセイは、珠玉（しゅぎょく）であることが多く好きなのですが、本書もその1冊といえます。

しかし、本にはそれがありません。**書かれた文章を、自分のペースでゆっくり読むこともできるから**です。また、文章の良さは何度も読める点にもあります。したがって、数学者など異分野《いぶんや》で活躍する人物の思考プロセスを文章で辿《たど》ることができるのです。これは、本にしかできないメリットの1つといえるでしょう。

ここでは、読書をする人に文系の人が多いことを前提に、理系の著者を例として挙げましたが、理系か文系かに限らず、**「あなたがふだんいる世界では出会わないような分野の著者の本を読むときに、同じような学びができる」**ということです。

また、分野を問わず、人の頭の中を「のぞき見」できるというのは、思考の起爆剤《きばくざい》にもなります。特に、多くの日本人は思っていることのすべてを語らず、日常ではかなり言葉を省略して話をしています。

ところが、本を書くとなると、わたし自身も著者なのでわかるのですが、例えば、ふだんの本に関する会話なら「作家の世界を味わえるよ」くらいで済ませるようなことでも、その意味を具体例なども交《まじ》えながら文章を書いていくことになります。そこに、その著者の思考の手順《てじゅん》が示されることになり、読み手には大きなメリットがあるのです。

そういう意味では、**自分が目指している分野で活躍する人の本を読むことも勉強になる**でしょう。法律家を目指す人は、弁護士や裁判官、検察官、法学者が書いた本を読めば、そこに「法的思考」や「リーガルマインド」とも称される法律家独特の考え方を垣間見る《かいまみ》ことができるでしょう。例えば、最高裁判事《さいこうさいはんじ》（最高裁判所の裁判官）を退官した後に、裁判官時代の体験を本に綴る《つづ》人も多いのですが、すでに法曹《ほうそう》などの専門家になられた人でも、こうした本を読めば、ふだんなかなか接《せっ》することもできない、日本に15人しかいない最高裁判所の裁判官の知見《ちけん》を知る機会が得られるでしょう。

もっとも、専門性を求める場合は、一般向けに書いた本を読むだけでなく、専門家に向けた論文や専門書を読むのが最も効果的な手段であると思います。わたしが司法試験の受験時代に本を読めなかったというのは、ある意味、こうした弁護士という専門家になるための訓練として論文や専門書を読み込む時期だったともいえます。

☑過ぎ去っていく出来事《できごと》に意味を与える本の読み方と活用法

数学者や法律家などの特殊な職業を例に出しましたが、社会人がふだん書店で購入《こうにゅう》して読む本は、専門家が書いた本ではなく、仕事の考え方や人生論などを綴ったエッセイや、ビジネス書かもしれません。そうしたエッセイやビジネス書のうち、特に仕事をしている人が参考にしやすいのは、会社で部下や上司との間でよくあるような話について、どのように考えればよりよい行動になるのかを丁寧《ていねい》に語った本だと思います。

この手の本を読んでいると、日常ではさらっと過ぎてしまうような数々のシーンが次から次へと浮かぶ記述になっているでしょう。わたしが10年以上読み続けている、このジャンルの著者としては**中谷彰宏《なかたにあきひろ》**が挙げられますが、ほかにない読みやすい斬新《ざんしん》な文体《ぶんたい》で、日常にあるさまざまな出来事について、自分がより成長するための考え方や行動の仕方《しかた》を示《し》唆《さ》してくれます。

例えば、**『自己演出力』**（大和出版）という本を読んでいると、社内研修で社長が率先してメモを取っている場合と、社員に講師を紹介だけして途中で抜ける場合があり、また前者の場合には、①本当に勉強しているか、②そのしぐさをみんなに見せているかの2通りが考えられる、という記述があります。さらに、演出力のある経営者は、両方の意味を込めているとも書かれています。こうした本を読むと、あなたが社会人であれば、過去に受けたことのある社内研修のシーンが浮かぶでしょう。

「よい、悪い」といった価値判断というよりも、日常的にただ過ぎていくさまざまな出来事に「意味を与えてくれる」のがこうした本の良さです。そして、**著者から提示された1つの考え方を学び、その考え方を自分が似たようなシーンに直面したときに実践してみる、あるいは、そうしたシーンで他人がした行動の意味や行動に込められた意図を推測することができる**ようになります。

『自己演出力』

中谷彰宏（なかたに あきひろ）、大和出版、2019年

1000冊も刊行されている広告代理店出身の著者の本は、忙（せわ）しなく仕事をする毎日の中に、おそらくピタリとはまる稀有（けう）なスパイス的存在でしょう。独特の文体は透徹（とうてつ）して、しかも短い文章で完結するため時間をとらず、不思議と仕事への情熱・勇気が湧いてきます。

7

人物伝を読みながら賢《けん》者《じゃ》の仕事観を読み取る

☑ 過去の天才たちの思考法にアクセスする

メイソン・カリーが執筆した『天才たちの日課《にっか》』（金原瑞人《かねはらみずひと》・石田文子《いしだふみこ》〔翻訳〕、フィルムアート社）という本があります。この本は、作家や画家などのいわゆるアーティスト（芸術家）の日常をコンパクトに綴った本です。総勢161人ものアーティストが登場します。ヘミングウェイ、ゴッホ、フロイト、ピカソ、ダーウィンなど、名だたる世界の天才たちの日常が紹介されています。例えば、朝は何時に起きて散歩をしてお昼ご飯を食べてから、午後の4時間だけ仕事をするとか、夜型で夜中は朝まで執筆を行うとか、コーヒーを1日に何十杯も飲むとか、そういう日常の習慣です。

有名な小説家、芸術家、哲学者、学者など偉人《いじん》たちが多数登場するので、そうした人の知らなかった一面を垣間見ることができるだけでも面白いです。知らない芸術家も含《ふく》めて、これだけ多くのクリエイティブな天才の日常をみていくと、天才たちの多くは共通して毎

『天才たちの日課　クリエイティブな人々の必ずしもクリエイティブでない日々』
メイソン・カリー（著）、金原瑞人・石田文子（訳）、フィルムアート社、2014年

分厚い本ですが、だからこそ装丁（そうてい）にあるアートな雰囲気を、そのまま持続して楽しめます。カフカ、ホッブス、ショパンにはじまり、161人もの天才たちの「毎日の習慣」が叙述されています。一気に読むよりも、少しずつ読むことで味わいが出るでしょう。

日仕事のために多くの時間を確保していたこと、やり続けるべき作業を工夫して日常のルーティンワークにしていたことなども知ることができます。

わたしは芸術家や哲学者ではありませんが、大学教員として忙しい毎日を送りながらも、論文を執筆するときには、集中して3週間程度、毎晩11時過ぎから朝の4時過ぎまで原稿の執筆を続けます。そのため、こういうクリエイティブな人たちの習慣や考え方について書かれた本を読むと励《はげ》みになります。また、**何かを創造し続けるためには、地味でも時間を投入し続けなければならない**ことが改めて感じられます。

こうした人物伝を読むことで、いわゆる**賢者《けんじゃ》の仕事観やそのリズムを読み取ることは、読書でしか味《あじ》わえない醍醐味《だいごみ》**といえるでしょう。数百年前の外国の天才でも、そこに残された文章があったからこそ、現代を生きるわたしたちも、それを読むことができるのです。そう考えると、本の偉大さを実感できますし、誰でも簡単に画像や動画を撮ってリアルに世界に発信することすら可能な、いまの時代でも**過去の天才たちの思考法に触《ふ》れる最も簡単なアクセス方法は、やはり読書である**と再認識させられます。

『天才たちの日課』には、続編《ぞくへん》もあります。日本でも2019年に**『天才たちの日課 女性編』**（メイソン・カリー〔著〕、金原瑞人・石田文子〔翻訳〕、フィルムアート社）が発売されています。

また、同年にプロ野球を引退したイチローがメジャーリーグで活躍した2000年から2019年の19年間の言葉を綴《つづ》った**『イチロー・インタビューズ』**（石田雄太〔著〕、文藝春秋）という本があります。こうした自分と同年代の優《すぐ》れた人物のインタビュー集なども、ネットやテレビなどの動画ではまとめて知り得ることのできない情報です。そうした情報の中には、その人物ならではの思考法が含まれていることが多いでしょう。

☑プロ作家の仕事観を読み取ることで得られるもの

村上春樹は、小説家として類《たぐい》まれな作品を多く世に出しています。それにとどまらず、さまざまなエッセイやインタビュー集の中で、小説の書き方や考え方についてもかなりの情報量で語り続けています。それらは、彼の小説を読んだ後に読むとさらに面白くなるタイプの本といえます（逆の順で読んでも面白いと思います）。例えば**『夢を見るために毎朝僕は目覚めるのです』**（文春文庫）、**『職業としての小説家』**（新潮文庫）、**『村上春樹 雑文集』**（新潮文庫）、前でも取り上げた川上未映子との共著『みみずくは黄昏に飛びたつ』（新潮文庫）などで、こうした本を読むと、読書の幅が広がります。

こうした本を読んでいると、村上春樹がほかの作家と、明らかに小説に対する執筆のスタンスが違うこともわかります。その違いは、大きく分けると2つあります。

『夢を見るために毎朝僕は目覚めるのです
村上春樹インタビュー集1997-2011』
村上春樹（むらかみ はるき）、文春文庫、2012年

難解といわれる村上春樹の作品。本書を読むと、これまでとは違った角度から、彼の作品に触れられるようになると思います。単行本のときから何度も読んでいる本なのですが、家にたとえた村上文学の意味（近代文学は地下1階で、村上文学は地下2階）は深く、比喩の意義を再認識できます。

1つめは、家にたとえれば他の近代文学が地下1階に降りてエゴや人間の内面を綴《つづ》ったようなものであるのに対して、村上作品はさらにその下の地下2階まで降りることから生まれている点です。

2つめは、出版社から依頼を受けて小説は書かないため、雑誌に小説を連載する場合のように締切りに追われて書いたりすることはなく、毎日コンスタントに執筆して数か月かけて小説の原稿を書き上げ、しかも、その原稿をすぐに出版社に渡さずに、何回も読み直して完成するまで修正（推敲《すいこう》）を重ねている点です。

仕事の仕方《しかた》は人それぞれですが、優れた作品を世に残し、あるいはスポーツ界などで前《ぜん》人未到《じんみとう》の偉業《いぎょう》を達成した**賢者の仕事観には学ぶべき点が多々あります**。また、こうしたものに読書を通じて触れれば触れるほど、天才とは才能をもっていただけではなく、膨大《ぼうだい》な努力を毎日し続け、かつ工夫を凝《こ》らし続けた結果なのだとわかります。

逆にいえば、こうした本は、天才にはなれないとしても、もって生まれたささやかな技能や能力を日々の努力で磨《みが》けば、もっと成長でき、いまは想像もできないことを成し遂げられる可能性があなたにもあることを教えてくれます。

なお、30代にベストセラー作家（小説家）になった森博嗣は、工学博士で大学教員をしていましたが、現在は専業の作家です。本人は作家も引退したつもりで、いまは趣味の庭《てい》園《えん》鉄道に時間を費やしており、仕事の時間（原稿を執筆する時間）は1日わずかだと、よく本で語っています。しかし、森博嗣が毎日の出来事を綴ったブログ（2017年7月から2019年の12月までの約2年半の間、毎日更新されていた森博嗣堂浮遊書店ブログ「店主の雑駁《ざっぱく》」）は次のように数冊書籍化されているのですが、このブログを読むと、1日のブログに書く文章量が圧巻《あっかん》です。

横書きで字が小さくつめられているのに、**『森籠《もりごも》りの日々』**（講談社）は394ページ、**『森遊《もりあそ》びの日々』**（講談社）は466ページ、**『森語《もりかた》りの日々』**（講談社）は489ページ、**『森心地《もりごこち》の日々』**（講談社）は426ページもあります。文筆の仕事をほとんどしていないといいながら、これだけの量を毎日書いていることがわかります。やはり、普通の人とは違う量の投入《とうにゅう》を続けていることがわかります。また、これらの本を読んでいると、趣味の庭園鉄道で遊ぶかたわら、気軽に原稿を少しだけ書くような雰囲気ではまったくないことに気づかされます。

こうした点からも、森博嗣は「人をみる目は、決してその発言だけでなく、行動をみてこそ養《やしな》われる」ことを教えてくれる作家といえるでしょう。

著者の語りは、あくまでその人の主観です。それが現に綴られた文章を読み取ることで、その人の客観的な生産量と仕事量を推測することができるのです。

『森心地の日々』

森博嗣（もり ひろし）、講談社、2020年

2019年1月1日から6月30日までの著者のブログ日記集です。横書きでびっしり文字があるのに、426ページもあります。かつ、この本はシリーズ4作目です。何が面白いかというと、毎日こんな文字量を書き続ける著者の思考が面白いのです。「すごい」のひと言です。

8 本の価値を考えながら読む

☑ 本の価値に対する大きな誤解

誰でもネット上に読んだ本のレビュー（批評《ひひょう》）を書くことができる時代です。検閲《けんえつ》もなく、基本的にはそのまま誰でも投稿できるため、「読む価値がなかった」とか、「知っていることしか書かれていなかった」といった、ずいぶんと投げやりで否定的なレビューをみかけることもあります。

たしかに、人それぞれ現在の自分にフィットするものと、そうではないものがあるため、買ったもののピンと来ない場合には、ほとんど読まないで終わる本もありますし、読み始めたけれど気が乗らず、途中で読むのをやめてしまう本もあります。また、文章は読みやすいので最後まで読み切ることはできたけれど、「あまり新しいことは得られなかったな」というような読後感《どくごかん》の本にも遭遇《そうぐう》することがあります。

これらのケースについては、文章が肌《はだ》に合わなかったり、嫌味な記述が鼻についたりしたときや、知的レベルが低そうに感じたり、お金や異性関係などの露骨《ろこつ》な自慢が多くて品がなさそうに感じたりしたときに起きるのでしょう。

そのような本に出合ったときの対応としては、その著者の名前を確認し、次からその著者の本を買うのをやめるのが正解です。あなたが気の合わない友達を一度家に呼んだものの、酔《よ》っ払《ぱら》い悪態《あくたい》をつかれて散々《さんざん》だったというときに、その相手の悪口をネット上に書くでしょうか?

いまはプライベートのインスタのストーリーズや、友達だけ読むことができる鍵《かぎ》付《つ》きのTwitterもあるので、学生や若い世代の社会人なら、この手の愚痴《ぐち》を親しい人だけに向けたSNSに投稿するかもしれません。しかし、誰でもみることができて記録に残るような場所には、その類《たぐい》のものは投稿しないでしょう。

それと同じように、読んで合わなかった本や、気にくわなかった著者の本は、次から買うのをやめればよいだけで、それをAmazonなどのレビューに書いても得られるものは何もありません。このようにいうと、否定的なレビューを書く人から「いや、違います。読む価値がないことを、まだ読んでない他の人に教えることに意味があるのです」という反論もあるかもしれません。しかし、そのような発想は、**本の価値に対する大きな誤解がある**といわざるを得ません。

誤解の1つは、**本の価値は極めて多様《たよう》である、**ということです。したがって、価値観が色濃《いろこ》く表《あらわ》れる本では、読んで嫌な気分になる人がいる一方で、そのような価値観に共鳴して面白いと思う人もいる可能性があるのです。

もう1つは、**本には、学びの進度《しんど》によって「合う、合わない」が出てくる**ことがある、ということです。レベルが上がっていく勉強や技術を対象にした本の場合、小学校1年生から大学4年生を1年刻みに想像していただければわかりやすいと思います。

人によって、本のレベルがピッタリと合って学びになる場合と、すでに学び終えているために簡単すぎて得られるものが少ない場合とがあるのです。

逆に、難易度が高すぎて、ついていけない本もあるでしょう。そのような本の場合、わかりやすくいえば、理学部の数学科で学んでいる大学生が「この数学の本は簡単すぎる」と思っても、数学が苦手な高校1年生にとっては「わかりやすくて、ためになる」可能性がある、ということです。

先ほど例示《れいじ》した本の価値の多様性を無視した「典型的な誤解」は措《お》くとしても、本には、もっともっとさまざまな価値があります。

☑ 本を買った理由を考える

おそらく読書好きな人は、自分に合わない本を買わないようにするための勘《かん》も得ていて、たまに外《はず》れの本に出合ってしまうくらいのレベルになっていると思います。逆にいえば、本の当たりを引くためには、外れの本を買って失敗する経験も必要になります。

もっとも、外れの本を買ってしまった場合でも、得られる価値はあります。まずは、自分に合わない本なのに、どの点に惹《ひ》かれて買ってしまったのか、その理由を考えてみるのです。それは、タイトルに惹かれて安易に買ってしまったのかもしれません。

あるいは前にも、この著者は合わないと思っていたのに、帯《おび》のキャッチコピーに惹かれてつい買ってしまった、ということかもしれません。しかし、タイトルでも、帯でも、誘惑される何かがあったということは、あなたがその何かを求めていたという事実に気づくべきでしょう。そして、その求めていた何かに強いニーズがあるからこそ、その本を買ってしまったということです。

例えば「異性《いせい》にモテたい」という願望《がんぼう》が強くて、「モテる○○」みたいなタイトルの本をつい買ってしまったら、ものすごくつまらなかった、ということがあるかもしれません。その場合、そもそもモテたいと思っていない人は、そのタイトルにはまったく反応しない、ということも知っておくべきです。つまり**「期待外れ」の本の裏には、「期待してしまっ**

た自分」がいる、ということです。その心理構造を分析しておけば、逆に自分を知ることにもなります。

それだけでも、その本を読んだ価値はあるのではないでしょうか。また、肌に合わない本や著者を知ることは、自分が何を嫌うのかを知ることですから、やはり自分を知るきっかけになるでしょう。

☑ 無駄な読書がなくなる発想法

それはともかくとして、本には大きく分けて、**①情報**と**②考え方**の2つのコンテンツが含《ふく》まれています。そして、それぞれについて、**未知《みち》の場合**と**既知《きち》の場合**があるでしょう。

もし、②考え方は既知だったけれど、①情報は未知だったという場合、その本に価値があるかはともかく、「自分が知っていること」以外のことも書かれていたことになります。

それにもかかわらず、その情報をスルーしていたか、情報を得ているにもかかわらず、「大したことがない」と、その価値を低くみている可能性があります。

前向きに読書をとらえる発想としては、面白いと思えない本、感動もなかった本であっても、①情報と②考え方について、未知のものはなかったかを考えてみましょう。もし1つでもあれば、新しいものを得ることができたといえます。また、いずれも既知である場合でも、少なくとも「その本の著者も、そのように考えているようだ」という意味での情報を得たことになります。つまり、当たり前の考え方が書かれていたという場合でも、「やはり、そのような考え方を多くの人が支持しているのだ」と確認することもできるのです。

人によって本の価値には高低《こうてい》があると思いますが、**本のさまざまな価値を自覚《じかく》できるようになると、無駄《むだ》だと思う読書がなくなってきます。**少なくとも、外れの本だと思ったときでも、何かは得ることができたと思えるようになるはずです。

9 「客観的な事実」と「著者の主観的な意見」を分けて読む

☑ 本から読み取るべき情報

2019年に、惜《お》しまれながら若くして亡くなられた著者がいます。京都大学客員准教授でもあった投資家《とうしか》の**瀧本哲史《たきもとてつふみ》**です。

『武器としての決断思考』（星海社新書）、**『僕は君たちに武器を配りたい』**（講談社）などの本がある著者ですが、40代後半で急逝《きゅうせい》されたニュースをTwitterなどのSNSで知ったときには衝撃を受けました。

彼の本を読んだことはほとんどなかったのですが、書店で平積《ひらづ》みになっているのをよくみかけ、わたしと同じ世代の若くて勢いのある著者が現れてきたなと眺めていたからです。

そんな瀧本哲史の著書に**『ミライの授業』**（講談社）という本があります。この本を追《つい》悼《とう》コーナーでみかけ、購入《こうにゅう》して読んでみたところ、「これは14歳に向けた『冒険の書』であり、大人たちが知るべき『教養の書』である」と帯《おび》に書かれているとおり、子どもから

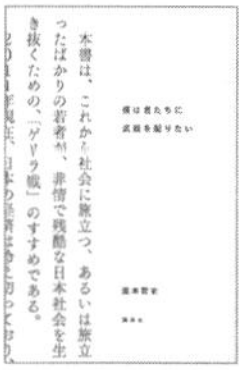

『僕は君たちに武器を配りたい』
瀧本哲史（たきもと てつふみ）、講談社、2011年

法学研究をした後、マッキンゼーに就職。異色の経歴をもつ投資家ならではの作品です。コモディティ化をキーワードに、いまの社会で活躍するためのヒントが具体的に描かれた渾身作です。熱のある文体から、投資用語も身近な思考に役立つかたちで自然に入ってきます。

大人まで学ぶことができる本でした。世界の偉人《いじん》や歴史がとてもわかりやすく紹介され、いまのわたしたちが学ぶべきことを読みやすい口調で語りかけていたからです。

この本の中で、ニュートンが生まれる100年ほど前の16世紀から17世紀に活躍したイギリスの哲学者、フランシス・ベーコンが紹介されています。

そこでは、フランシス・ベーコンが、人間を惑《まど》わす4つの思い込みがあることと、それにとらわれないために「観察」と「実験」の重要性を説いたことが書かれています。この思い込みをベーコンは「イドラ」と呼び、①人間の思い込み（種族のイドラ）、②個人の思い込み（洞窟《どうくつ》のイドラ）、③言葉の思い込み（市場《いちば》のイドラ）、④権威の思い込み（劇場のイドラ）があると主張していたことも、わかりやすく説明されています。

ここまでベーコンについて詳《くわ》しい人は、一般の読者には少ないかもしれません。仮にベーコンの名前を聞いたことがあったとしても、「なるほど、ベーコンはそのようなことを唱《とな》えた哲学者だったのか」というように、ベーコンの情報を得ることができるでしょう。

また、ベーコンは12歳でケンブリッジ大学トリニティカレッジに入学し、法律家でもあったこと、政治家でもあったこと、科学者でもあったことなども、『ミライの授業』では説明されています。さらに、法律家としては法務長官《ほうむちょうかん》や大法官を務めており、政治家としても枢密顧問官《すうみつこもんかん》として国王にアドバイスをしていたことも説明されています。

本を読むときに、読み取るべき情報には「**事実**」と「**意見**」があります。

前者は「**客観的な事実**」であるという点で、調べればどの本にも書かれている（誤りがなければ、あるいは解釈や説に違いがなければ）事実です。なお、過去の話である場合には、歴史的事実という意味で史実《しじつ》といえます。

これに対して、後者は「**著者の主観的な意見**」です。ほかの著者の本にも同じように書かれている場合があるかもしれませんが、固定されたものではなく、その本の著者の独自の意見であり、物事《ものごと》に対する評価の部分になります。

☑ 事実と意見を分けて読む習慣の効能《こうのう》

こうした「**客観的な事実**」と「**著者の主観的な意見**」**を分けて本を読むことは、とても重要です**。『ミライの授業』には、ベーコンが「ひとつのジャンルでは収《おさ》まりきれないほどの才能をもった人物だった」こと、「自分だけの経験、自分だけのアイデア、自分だけの方法にこだわるのは、愚《おろ》か」であることが書かれているのですが、この部分は、どちらにあたるのでしょうか？

これは、ベーコンの職業や経歴をみて著者が「評価」した部分と、ベーコンの主張を紹介して著者が教訓《きょうくん》として敷衍《ふえん》し整理した部分にあたります。したがって、この部分は「事実」ではなく、「意見」です。つまり、「客観的な事実」ではなく、「著者の主観的な意見」ですね。

しかし、『ミライの授業』でいえば、そもそも、ベーコンの主張である「イドラ」の話を、著者（瀧本哲史）が提唱《ていしょう》した考えだと間違えて読み取ってしまうように、本の内容を誤読《ごどく》してしまうこともあるので、この点には注意が必要です。つまり、本には、著者の考え方が書かれた部分と、それを述べるための「著者ではない別の人物の考え方」が引用《いんよう》あるいは紹介された部分もあるということです。

これらを分けて読むクセをつけると、それなりの緊張感をもって本を読むことができます。「自由で気ままに楽しむ読書」というと、漫然《まんぜん》と読むだけのように思われるかもしれませんが、そうした「楽しむ読書」をするときから、**事実と意見を自然と分けて読むことができるようになっていれば、情報や自分の思考を整理する力も身についている**ので、それを仕事や日常でも、自然に活《い》かせるようになるでしょう。

10

小説を読むときは「歴史的事実」と「フィクション」に分ける

☑ 小説の「史実《しじつ》」と「創作《そうさく》」の区別を意識した読み方

「事実は小説より奇なり」とよくいわれます。たしかに、小説は「フィクション（創作物）」ですが、面白い小説ほど、実在の話ではないかと錯覚《さっかく》するほどのリアリティがあるものです。羊男《ひつじおとこ》（羊の着ぐるみを着た男）が家に突然出てくるようなマジック・リアリズム（〝非日常〟なものを〝日常的〟なものとして描く表現技法）でない限り、よくできた小説は「実在のモデルがあるのでは？」と思ってしまうでしょう。

例えば、石原さとみ主演でドラマ化もされた、**小池真理子《こいけまりこ》**の直木賞受賞作『**恋《こい》**』（新潮文庫）は、読み始めると最初からグイグイ引き込まれて、フィクションの世界に引きずり込まれていきます。

この物語は、冒頭から展開があって、結末のシーンを先に出してから、回想して遡《さかのぼ》っていく手法をとっています。具体的には、ノンフィクション作家の鳥飼《とりかい》という男が本のネタ

『恋』

小池真理子（こいけ　まりこ）、新潮文庫、2003年

歴史に隠れた実話なのか？　そう思わせるほど、冒頭の回想シーンから迫真性（はくしんせい）があって、引き込まれます。物語もここまで洗練されると、ドキュメント番組のように感じます。ゼミの卒業生（女性）から「この本が好き！」と聞いて、最近読み返しました。大学助教授の倒錯（とうさく）した恋の行方（ゆくえ）は……？

を探して浅間山荘《あさまさんそう》事件の新聞記事を調べているときに、その浅間山荘事件の陰《かげ》で起きた軽井沢《かるいざわ》の別荘地《べっそうち》の発砲《はっぽう》事件をみつけるのです。その記事には、22歳の矢野布美子《やのふみこ》という女子大生が男性を猟銃《りょうじゅう》で射殺し、もう1人の男性にも重傷を負わせたこと、殺害理由はその時点では不明だったことなどが書かれ、その布美子が服役後《ふくえきご》、若くして不治《ふじ》の病《やまい》で死を迎《むか》え、鳥飼が葬儀《そうぎ》に参列するシーンから始まり、物語は徐々に過去に遡っていきます。

その叙述《じょじゅつ》と文章のリズムが絶妙《ぜつみょう》で、読みだしたら止まらないほどグイグイ引き込まれる筆致《ひっち》（書きぶり）です。このような世界を小説で体験すると、物語が上手すぎて、浅間山荘事件が起きたときに、その陰に隠《かく》れて、このような女子大生の事件が本当にあったのだと思ってしまいそうになります。

しかし、調べてみると、そのような事実はありません。まさにフィクション、創作の物語なのです。このような錯覚《さっかく》に陥《おちい》るのは、もちろん、１９７０年代の象徴としてテレビ放送などで語り継がれてきた、１９７２年に起きた浅間山荘事件という「**史実（歴史上の事実）**」を軸《じく》にしながら書かれているからです。

そこに、〝ノンフィクション作家〟というフィクション（創作物）ではなく、事実を調べて本を書く作家が物語に登場するものですから、ついつい「実在の事件を小説化したのか……」などと思ってしまいます。物語に上手な仕掛けが施されているということですね。

このように、**小説を読むときには、物語の世界に浸《ひた》りながらも、本を閉《と》じた後には、ネットで史実を調べるなどして、どこまでが歴史的事実（史実）で、どこからが創作なのかを考えてみるとよい**です。いまはネットで調べると、そのようなことまで記事やブログなどに書かれていることもありますが、発売されて間もない新刊の場合は、そうした記事やブログなどがまだない場合もあります。

そのような場合、自分で史実を調べて確認したうえで、物語に出てきたシーン（内容）は「どこを調べても出てこないから、きっと創作なんだろう」、あるいは「本当にあったのだろうか？」と、少しアンテナを立てて、そのシーンの先の物語を読むとよいと思います。そうすれば、いずれ史実と創作の分岐点《ぶんきてん》（どこまでが史実で、どこからが創作なのか）がわかる情報が得られるはずです。

その後、こうした分岐点について指摘した文芸評論などにめぐり合ったときに、「ああ、やはりそうだったのか」と嬉《うれ》しい気持ちになるはずです。また、史実を調べた人の情報がネット上に載《の》るなど、情報が更新されていけば、その情報が信じられるかどうかは内容をみて、「これは創作のようだ」、あるいは「こんなことが実際にあったようだ……」と楽しみながら、あなたが判断することになるでしょう。

こうした楽しみを読書後に味《あじ》わえるのも、**史実と創作の区別を意識**して小説を読んだからといえるでしょう。

☑ 疑問点を調べすぎずに、まずは物語の世界を楽しむ

2017年に単行本（新刊）が刊行され、2019年に文庫化された村上春樹の長編小説『騎士団長殺し《きしだんちょうごろし》』（新潮文庫）があります。そこには、1938年にナチス・ドイツがオーストリアを併合した「アンシュルス」が出てきます。

これは史実ですが、そこに主人公（肖像画家《しょうぞうがか》の「私」）の友人である雨田政彦《あまだまさひこ》の父、雨田具彦《ともひこ》が登場します。雨田具彦は日本画家で、90歳を過ぎ、認知症になって伊豆高原《いずこうげん》の養護施設《ようごしせつ》に入院中で、主人公は具彦のアトリエに借り暮らしすることになります。

そして、アトリエの屋根裏《やねうら》でオペラ『ドン・ジョバンニ』をモチーフにしたと思われる未発表の『騎士団長殺し』というタイトルの日本画が出てきて、物語がその絵の発見をきっかけに進んでいきます。

小説の中には、雨田具彦が戦前は洋画家であり、しかしウィーン留学中に、ナチス高官の暗殺未遂事件に関与したことで日本に送還され、戦後は日本画家に転じたことなどが出てきます。

これも、史実と創作が錯そうしている物語といえます。そもそも、雨田具彦という画家

は創作上の人物なのですが、史実と巧《たく》みに絡《から》んでくるので、「そんな人がいたのかもしれない」とつい思わせてしまうわけです。ちなみに、物語（小説）の楽しみ方としては、読んでいるときは、こうした史実や疑問を調べすぎないことを個人的にはおススメします。

いまはスマホですぐに情報が手に入る時代ですが、**こうした小説ほど、まずは素《す》で物語の世界を楽しんで、それからさまざまな疑問を調べるほうが面白いでしょう。**

ただ、『騎士団長殺し』の例でいえば、「アンシュルス」を聞いたことのなかった読者が、この物語を読んでいるときにアンシュルスについて調べるのはよいと思います。なぜなら、「なるほど史実としてあったのか」というように確認でき、より物語を楽しむことができるようになるからです。

加えて、小説の舞台の設定などを綴ったネット情報は、読了《どくりょう》するまではみないようにしたほうが、ネタバレなどにあわずに済《す》みます。

11

登場人物が多い小説を読むときは関係図をつくる

☑ 登場人物が少ない小説は物語の展開を簡単に理解できる

この第3章では比較的、小説を推《お》す展開になってきましたが、登場人物の名前が覚えられないことを理由に、小説を避ける人も多いようです。

特に、学生のうちは時間もたくさんありますから、じっくり時間をかけて、あるいは集中して1冊の小説を一気に読む人も多いと思います。これが社会人になると、平日は仕事に多くの時間が割《さ》かれるので小説を読む余裕がなくなる人が多いのだと思います。

ただでさえ、ストレスを感じる毎日なのに、さらに読書で架空の登場人物の名前や人間関係まで押さえるのは面倒《めんどう》だと思う人もいるかもしれません。

わたしも、この登場人物の名前を覚えたり、人間関係を理解したりすることがもともと得意ではなかったため、30代になるまで小説を読むことが少なかったのですが、実際には仕事をしながらでも小説を読むことができました。

それも細切《こまぎ》れの時間の活用でも、まったく問題なく読めます。わたしが好んで読んだ小説には2つのタイプがあって、①**登場人物が少ない小説**と、②**登場人物が多い小説**です。

①のタイプは、私小説的な雰囲気が漂うものに多く、村上春樹や渡辺淳一などの小説がこのタイプだと思います。**主人公を中心にして、それぞれの小説に登場する男女などの雰囲気も似ているので、名前を憶《おぼ》えていなくても物語の展開を理解するのに支障がない**といえます。

☑ 登場人物が多い小説の読み方

これに対して、②のタイプは、松本清張、伊坂幸太郎、東野圭吾などの小説が該当します。物語の内容は、（それぞれの小説ごとに）毎回ガラリと変わります（なお、松本清張の小説では、空気感はどの小説も似ているのですが、毎回小説の舞台は変わります）。そのため、同じ著者とはいえ、出てくる登場人物を最初からしっかり押さえずに油断していると、途中から「あれ？　この人は誰だっけ？」となってしまいます。

この手のタイプの小説では、**登場人物の人間関係を図にして小説（本）の中にメモしておくとよい**と思います。また、前述《ぜんじゅつ》のドッグイヤーも活用して、後から検索しやすいようにしておきます。これができれば、この小説を読むのを中断して（ほかの小説と併読《へいどく》しているときなど）、その小説を読むのを再開するときでも、ドッグイヤーの人間関係図をみれば、物語の途中からでもすぐに思い出して物語の世界に入れるようになります。

わたしが読んだ小説で例を挙げると、松本清張の『**高台**《たかだい》**の家**』（光文社文庫）では、「死んだ息子の嫁は、幸子《ゆきこ》という名であった。深良英之輔が山根に本人を眼の前においてそう紹介したからである。英之輔の妻は、宗子《むねこ》といった」という短い文章があるのですが、この小説の登場人物の理解は当初、わたしには難解でした。

まず、「山根」というのが主人公なのですが、1文に登場する人物が多すぎますし、主人公感がありません。また、名前が古風ですし、「幸子」は、ゆきこと読むのか、さちこと読むのか、漢字だけではわからなくなります。それに加えて「宗子」まで出てきます。この読み方も「そうこ」なのか「むねこ」なのか、漢字だけでは判然としません。幸子にも宗子にも、この文章ではルビ（送り仮名《がな》）が振られていますが、小説全体ではルビがないものがほとんどでした。また、いまの令和の時代の感覚では、幸子も宗子も同じ名前にみえるくらい個性が感じられませんよね。

これらの点については、最初の「山根」問題については、小説の書き方は人称《にんしょう》で異《こと》なることを理解すればわかります。いわゆる〝一人称小説〟では「僕は」「私は」となり主観的な視点で語られますが、〝三人称小説〟では「○○は」と名前が登場して客観的な視点

『高台の家』

松本清張（まつもと　せいちょう）、光文社文庫、2019年

松本清張の小説は面白いものばかりなのですが、あまり知られていないだろうと、あえて1972年の作品の文庫版を挙げました。主人公は大学の法制史（ほうせいし）の教師。ある古書との出合いを契機に不思議な場所に導かれる。その過程の自然な叙述・推論に、地味ですが自然と引き込まれます。

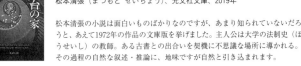

で語られるからです。この『高台の家』は、後者の三人称小説です。

次の「幸子・宗子」問題については、ルビの登場機会を理解するとわかります。一般に小説では、ルビが最初、つまり初出《しょしゅつ》にだけ振られ、後は振られない場合が多いからです。

この場合、初出のときにメモしておくのが、この手の読みにくい名前の場合はベストです。なお、古い小説では、そもそも一度もルビが振られず、名前の読み方がわからないものもありますので、この点は注意が必要です（現代の本と比較すると、不親切ですね）。

そんな読み方の難しさも絡《から》んで、かつ1文で数多くの登場人物が出てくるので、わたしは先ほどの文章があるページの余白《よはく》に下のような、人間関係図をピンクの蛍光《けいこう》ペンで書きました。

ちなみに、死んだ息子が「英一」であることは、この文章には書かれていませんが、ほかの文章で書かれています。その点も、わかりにくいので、下のような人間関係図をつくると、一目瞭然《いちもくりょうぜん》になるでしょう。

ただし、人間関係図の作成をマストにすると、読書が作業になる可能性があります。あくまで、わかりにくいときに作成すれば、すっきり読める便利なものだと考えてください。

12 批判的に突っ込みながら読む

☑「疑いながら読む」のが基本

本には、さまざまな意見が出てきます。著者の世界に浸《ひた》りたい読者は、盲目的《もうもくてき》に「なるほど、なるほど」と、その世界観に引きずり込まれて読み進めていくかもしれません。

小説などの物語であれば、それも1つの読み方だといえますが、創作物《そうさくぶつ》だといっても「著者のつくり物」です。そう考えると、**「疑《うたが》ってかかる」という読み方は、やはり大事です。**

そもそも、優《すぐ》れた小説は、読者からの疑いに耐《た》えられるように、あるいは読者が通常、抱《いだ》くであろう疑いの目を上手に利用して、後で読者を驚かせたり、心をつかんだりするための工夫が施《ほどこ》されているものです。したがって、疑って本を読んでいる読者のほうが、架《か》空《くう》の物語（小説）の場合でも、物語の世界を結果的によく理解できるようになります。

物語ではない本を読むときも、その分野の権威であれ、著名人であれ、**基本的には疑って読むのが、読書の姿勢《しせい》としてはよい**と思います。上手な著者は、読者からの突っ込みを想定し、まずは誇張した主張をしてみて、読者からの予想される疑いの目を利用しながら、後から説得力のある話を展開するという手法をとるものです。「このようにいうと、……と思われるかもしれません。しかし、……」という書き方です。

また、胡散臭《うさんくさ》いだけで、論旨《ろんし》に一貫性《いっかんせい》がなかったり、論理が破綻《はたん》していたりする、という著者の稚拙《ちせつ》さを見抜くことができる場合もあるかもしれません。それはそれで、その著者に対する信頼度は落ちることになるかもしれませんが、**批判的思考力**を発揮することができたその本に感謝してもよいかもしれません。

とはいえ、最後まで読んでみたら「ああ、この話はこういう意味だったのか」と腑《ふ》に落ちるということもあります。この点で、精読《せいどく》も重要です。いずれにしても、読者であるあなたは、著者にどんどん突っ込みを入れながら、**批判的に読むのがベスト**です。

ここで、批判的というのは、必ずしも「著者の意見に反対する」という意味ではありません。気軽に、「本当にそうなの?」とか「それって、要《よう》はこういうことなのかな?」というノリで、どんどん突っ込みながら読むということです。

☑ 古い文体の本や難解な本こそ「突っ込み」を入れる

文豪である**谷崎潤一郎**《たにざきじゅんいちろう》の著書に『**陰翳礼賛**《いんえいらいさん》**・文章読本**《ぶんしょうどくほん》』（新潮文庫）があります。この

『陰翳礼賛・文章読本』

谷崎潤一郎（たにざき じゅんいちろう）、新潮文庫、2016年

文豪（ぶんごう）が遺（のこ）したエッセイです。谷崎潤一郎には数多くの小説がありますが、雑文（ざつぶん）にも、意外な発見があるかもしれません。個人的には、「文章読本」が好きです。古い時代の作品ですが、文章の書き方を文豪から丁寧に教えてもらえる感覚にゾクゾクとしながら、日本語の奥深さを実感できます。

うち『文章読本』には、次のような一文があります。

「曲りなりにも文章が書けるようになりましたならば、今度はあまり文法のことを考えずに、文法のために措《お》かれた煩瑣《はんさ》な言葉を省くことに努め、国文の持つ簡素《かんそ》（※ルビは筆者）な形式に還元するように心がけるのが、名文を書く秘訣《ひけつ》の一つなのであります」

これなどは、もちろん書かれた時代が古いため致し方ない面もあるとは思いますが、要するに「名文《めいぶん》を書く秘訣《ひけつ》は……簡素《かんそ》がいい。つまり、簡潔《かんけつ》な文がいいっていうことだろう」というように、自分で内容を要約しながら読むとよいでしょう。

そして、「しかし、簡素がいいとかいいながら、ずいぶんと回りくどくて長い文章だね」と、文豪谷崎《ぶんごうたにざき》に対して突っ込んでみるのです。「自分だったら同じ意味でも、こう書くよな」というように、同じ意味で簡潔な文章を考えてみてもよいかもしれません。

もちろん一見、回りくどい文章であっても、また書かれた時代が古いにもかかわらず、現代のわたしたちでもすぐに突っ込めるほど、読みやすい文章になっていることが、谷崎のすごいところなのですが——。

この『陰翳礼賛・文章読本』のほかのところも読んでいると、「文章道において、最も人に教え難いもの、その人の天性に依《よ》るところの多いものは、調子であろうと思われます」という一文も出てきます。

これなども、「へえ、『あろうと思われます』か」などと突っ込みながら読んでもいいと思いますが、わたしは本にピンクマーカーで「リズムだろう」とメモを残していました。「調子って何だろう？」と疑問をもったときに、現代の言葉でいえば「リズムのことかな？」と、「文章はリズムが大事だ、といいたいのだろう」と翻訳したわけです。

「本を読むと眠くなる、なかなか頭に入ってこない」という人がいます。こうして古い文体の本でも、難解な文章でも、自分の目線で「突っ込み」を入れながら読んでみてはいかがでしょうか。そうすると頭もさえてきて、その著者ならではの独特の文章でも読めるようになるはずです。

13 本の論理構成を確認するためにページを行き来する

☑ 本の論理構成がわかりやすくなる読み方

「論理を確認しながら読んでいく」という読み方があります。本は、パワーポイントの図表やレジュメのように、箇条書《かじょうが》きで整理されたものではありません。

それは、例えば「要点は5つあります」というような内容を記述する場合でも、「まず○○で……」「次に○○○○……」という感じに、5つの事項が文章で順番に出てきます。

そして、1つひとつの事項の説明が長くなると、5つすべてを説明するのに数ページ以上要する場合も普通にあります。こうした要点の個数、あるいは著者が提示した論理の意味（言葉の置き換えなど）を丹念《たんねん》に分解して拾っていきながら読み進めるのです。すると、論理的な記述をした本でも、理解が速くなり、また正確になると思います。

ここで、**亀井卓也**の『**5G《ファイブジー》ビジネス**』（日経文庫）という本があります。第1章の1をみると、見出《みだ》しには「移動システムは、こう変わった」とあります。その最初の文章を読

『5Gビジネス』

亀井卓也（かめい たくや）、日経文庫、2019年

わたしはITやPCが苦手です。でも、2020年の新型コロナウイルス感染症緊急事態宣言下の急激なオンライン化を受け、やらざるを得なくなったこともあり、オンラインの授業や会議はもちろん、さまざまなITツールを使うようになりました。時代は急速に便利になっています。5Gで、さらに通信環境が激変します。その詳細が本書を読めば、みえてきます。

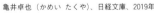

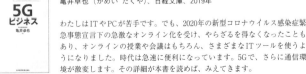

むと、「『5G』とは、『5th Generation』つまり『第5世代移動通信システム』のことです」という説明があって、その後に「5Gに至るまでに、1G、2G、3Gを経て、現在われわれは主に『4G』の移動通信システムを利用しています」と書かれています。

これを読むと、ニュースなどで最近目にするようになった「5G」とは、世代(Generation）のことだったのかと、そして対象は「移動通信システム」で、それが5代目になるって話なんだな、と理解することができるでしょう。

前節で紹介した「突っ込み」を入れながらの批判的な読み方としては、次にこうなります。「で、じゃあ、1G、2G、3G、4Gって何？　で、それはいつの時代を指すの？」という疑問を起こしてみるのです。こういう疑問をもちながら続きを読んでいくと、少し後に「まずは、これまでどのように進化してきたのか、簡単に振り返ってみたいと思います」という文章があるので、「おお、やはり1つひとつ説明があるのか」と、突っ込みに対する答えがみつけられる期待感が得られます。

ところが、その後の文章を5ページほど読んでも、小《こ》見出しなどがないままに、これまでの世代が少し長めの文章で説明されています。したがって、パッとみても、どこにどの世代の説明があるのかわかりません。

目を凝《こ》らして探してみると、「1979年……」という段落に、「このときの移動通信システムが『1G』です」という文章がありました。そこで、この段落の上に「①」とピンクマーカーで書いておきます。次に数行先をみると、「1990年代は、……『2G』の時代でした」とあります。この上に「②」とまたピンクマーカーで書きます。

ページをめくると、今度は「iモードやEZwebが開始されたのは……」という文章の後に、段落のはじめに書かれていないため目でみると埋《う》もれてわかりにくいのですが、「そして2001年に『3G』が開始されます」と書かれています。この上に「③」と同じようにピンクマーカーで書きます。

さらに次のページをみると、「2012年には……『4G』としてサービスが展開され始めます」という文章があって、これで世代を4つみつけることができました。もちろん、この上にも「④」とピンクマーカーで書きます。

このようにすれば、番号のところをみるだけで、4世代の年代が一目瞭然となりました。その内容もそれぞれの文章で説明されているのですが、結構長く、素人《しろうと》には要点《ようてん》が一見するだけではわかりにくい部分もあります。

そこで、さらに次のページ（この項《こう》の最後のページ）をみると、まとめ的な文章があります。そこには、1Gは音声通話、2Gはメールやウェブ、3Gはプラットフォームとサービス、4Gは大容量コンテンツ、であることが書かれています。

これで、内容のイメージもざっとつかむことができました。そこで、「では、5Gは？」となると、次の項に入ります。こんなふうにマーカーで紙面を汚しながら、**疑問をもちながらページを行き来して主体的《しゅたいてき》にその疑問の答えを探していくと、みえにくかった本の論理構成も、くっきりと姿を現します。**

☑ 読書中に自由に立ち止まったりページを行き来したりする効能《こうのう》

こうしてみていくと『5Gビジネス』という本には「明快な整理」がありましたが、そうでもない本もあります。

例えば、保坂和志《ほさかかずし》の『**小説、世界の奏《かな》でる音楽**』（中公文庫）を読んでいると、この本はそもそも難解というか、独特な文体で、それが味《あじ》のある理由ともいえるのですが（保坂和志は、どの本でもそういう文体を書く、わたしの好きな著者の一人です）、次のような文章があります。

「固定観念ガチガチの小説も固定観念から完全に自由な小説もどちらも『小説』という言葉で呼ばれ、その二つを仮りに『旧小説』と『新小説（真小説）』と呼び分けたところで、それが小説として書かれ読まれるイメージまできれいさっぱり書き換えることはできない」

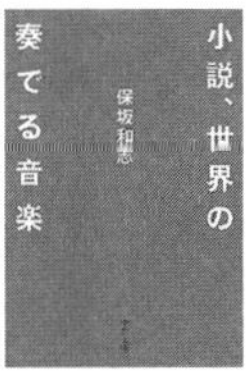

『小説、世界の奏でる音楽』
保坂和志（ほさか かずし）、中公文庫、2012年

著者のファンになったのは、12年ほど前でした。『書きあぐねている人のための小説入門』（中公文庫）を読んでからでした。小説以外の本は、すべて読んでいます。1文はとても長く、結論もない。途中に話が変わっていく、一見すると難解な文体。でも、慣れるとクセになります。読書が至福の時間になります。

この論理を分析していくと、仮称としての、①「旧小説」は「固定観念ガチガチの小説」を指し、②「新小説（真小説）」は「固定観念から完全に自由な小説」を指すことがわかります。ここまではよいのですが、その後に書かれた、このように呼び分けても「それが小説として書かれ読まれるイメージまできれいさっぱり書き換えることはできない」という文章は難解です。

これはこれで、明快に表現できない論理の曖昧《あいまい》さをあえて、著者なりに表現した部分なのだと思います。そもそも、この文章の難しさは、小説に対する「固定観念」をどのようにとらえるかについても考えなければならないところです。しかし、著者は、その固定観念のイメージを説明し尽くすのは困難であることを前提に、そのとらえ方については読者に委《ゆだ》ねているのです。

このように理解して本を読んでいくと、明快に分析できる論理的な部分と、論理的とはいえない曖昧な部分が、本にはあるのだとわかってきます。それも含《ふく》めて、「自由な読書の楽しみ」といえます。したがって、著者が（固定観念から）自由であるほど、曖昧なことを曖昧に書く傾向があるので、ビシビシ論理で続けるビジネス書が合わない（あるいは飽《あ》きた）読者には、かえって面白く読めることになります。

小説を読んでいるときにも、ページを行き来するとよい場合があります。

例えば、「〇〇とさっき言っていたじゃないか」というような会話のシーンが出てきたときに、「え？『〇〇』なんて言ってたっけ？」と疑問がわいてきた場合などです。前にその人物が本当に「〇〇」と言っていた記憶がある場合はよいのですが、そうした記憶がない場合、あるいは「ちょっと、ニュアンスが違っていたんじゃないかな」と思う場合には、その会話のシーンがあるページまで戻ってみましょう。

本は、著者の書いた文章を**いつも同じ調子で読み進める必要はなく、自分のペースで、自由に立ち止まったり、ページを行き来したりしながら読んでもよいのです。**

こうして、能動的《のうどうてき》・主体的に読むことは、本の姿を曖昧なままにせず、その核心《かくしん》に迫《せま》る行為といえます。受け身ではない、積極的な読み方を取り入れていきましょう。

本の中にある文章のつながりや関係を確認しながら読むのは、**「本と深く交《まじ》わる時間」**といえます。**「素早く過ぎる読書」よりも「深く交わる読書」のほうが、「読む力」は鍛えられます。**論理構成は受け身ではなく、能動的な確認によって明らかになるのです。

14

「法則《ほうそく》」の意味を体得《たいとく》する

ビジネス書などを読んでいると、よく出てくる「**法則**」があります。例えば、心理学の概念、医学の概念、マーケティングの概念など、分野ごとに存在するさまざまな法則です。そこには、ある分野を学ぶうえで知っておくべき法則があって、その分野に関連したビジネス書には、どの著者が書いてもよく出てくるのです。

例を1つ挙げるとすれば、「ジョハリの窓」です。これは、自分からみた「既知《きち》」と「未知《みち》」と、他人からみた「既知」と「未知」をかけ合わせてできる4つの窓（表の欄）に、①「公開の窓」（自分からみて既知＋他人からみて既知）、②「秘密の窓」（自分からみて既知＋他人からみて未知）、③「盲点《もうてん》の窓」（自分からみて未知＋他人からみて既知）、④「未知の窓」（自分からみて未知＋他人からみて未知）があるという話で、心理学の本などによく登場します。

また、「プラシーボ効果（偽薬《ぎやく》効果）」という法則もあります。これは、人は医師から処方された薬を飲むと、本当は効果がないものだとしても、その処方に安心し信頼することで、治癒の効果が生じるという法則です。これは、医師の本などを読んでいるとよく登場します。

ほかには、「ザイオンス効果（単純接触効果）」も挙げられます。これは、物や人に触れる回数が多いほど、人は好印象をもつようになり、購入意欲《こうにゅういよく》が促進されるという法則です。マーケティングの本によく出てきます。

どの分野にも、こうした法則があります。ビジネス書などをたくさん読んでいると、こうした法則に、さまざまな場面で遭遇《そうぐう》するようになると思います。その都度《つど》、「あれ、何だったっけ？」となるのもよいですが、読書の習慣ができて、ほかの本でも繰り返し出ることを知ったときには、スマホのノート機能にメモしておくのもよいと思います。そうしておくと、次に出てきたときには、その部分を飛ばして読めるようになると思います。

数多くの本を読めば読むほど、読む速度が自然と速くなると前に述べましたが、これは、こうした頻出度《ひんしゅつど》の高い法則が「既知情報」になって、その部分のショートカットができるようになることも1つの要因《よういん》です。

15

「似《に》て非《ひ》なる概念《がいねん》」を探しながら読み、図式化して整理する

☑ 本に書かれた「概念」の正確な整理が思考力向上の最短ルート

読書で「思考力」を高めるためには、本に書かれている「概念」を正確に整理することが一番の近道《ちかみち》だとわたしは思います。

よくいわれることですが、特に「似て非なる概念」を押さえると、その専門分野の基本事項は理解することができるようになります。

例えば、法学であれば、わたしも大学1年生の受講生に対して前期の「法学入門」という授業でお話しするのですが、「無効《むこう》」と「取消《とりけ》し」という概念は、法がその行為に効果を与えないという点では共通するため「似ている概念」です。

しかし、法の分野では、両者は異《こと》なるもので、「無効」は、いつでも、誰からでも主張できるもので、無効なものには最初から法は効果を与えません。これに対し、取消しの場合は、主張できる人が限られ、主張できる期限も限られることになり、そのような取消権

者が取消期間内に主張をして、はじめてその行為は効力を失うものとされています。この点で、「非なる概念」といえます。

また、大学法学部の税法の授業でよくお話しするのは、「所得税とは『個人が得た所得』に対する税金で、法人税とは『法人が得た所得』に対する税金です」ということです。

そして、「『所得』とは、利益のことで、わかりやすくいえば『儲《もう》け』のことです。収入ではありません。あくまで、収入から経費を引いた残額である利益に対して、所得税は課されます」という説明をしていきます。

この「所得」という所得税における利益を指す概念は、法人税でも「所得」であり同じ概念を使っているのですが、所得税の所得は「収入－経費」で計算するのに対し、法人税の所得は「益金《えききん》－損金《そんきん》」で計算します。そして、法人の所得を計算する際に用いられるのは企業会計なのですが、会計上の利益は「収益－費用」で計算します。

これらは、同じ「利益」の計算である点で「似ている概念」です。しかし、税金の場合と会計の場合とでは概念が少し異なります。なぜかというと、前者（税金）が公平な税負担を考えなければならないのに対し、後者（会計）は株主や投資家《とうしか》に経営成績を報告しなければならないという目的に違いがあるからです。こうした理由から、「非なる概念」になっています。

このように「似て非なる概念」は、まずは「似ている部分」、**つまり共通点《きょうつうてん》を探し、そのうえで「非なる」部分、つまり相違点《そういてん》を明らかにします。**そして、最後に**「なぜ、相違するのか？」**を考えるとよいでしょう。共通点、相違点、その理由です。

☑ 専門性が高い本を読むときのポイント

こうした点について丁寧《ていねい》な説明をした入門書もありますが、説明が省略されている本もあります。専門性が高くなるほど、省略されることが多いので注意が必要です。専門性が高い本（専門書）の場合、基礎部分は知っていることを前提に書かれているからです。

しかし、そうした本を読んでいるあなたには「よくわからない」ということもあると思います。その場合には、読みながら登場する言葉（概念）に注意を払いましょう。そして、少しでも意味がわからないと思った言葉、あるいは前に出てきた言葉と似ていると思った言葉をみつけたら、その言葉の意味を調べるようにしましょう。

森信茂樹《もりのぶしげき》の**『デジタル経済と税』**（日本経済新聞出版社）という本に、「日本は、2015年10月から、国境《こっきょう》を超えて行う電子書籍・音楽・広告の配信などのサービスを提供する国外事業者を登録させ納税させる制度を導入して、消費税を課すことが可能になりました」という説明があります。その後に、その経緯が書かれているのですが、最後に「しかし、

『デジタル経済と税　AI時代の富をめぐる攻防』
森信茂樹（もりのぶ しげき）、日本経済新聞出版社、2019年

著名な研究者による本格的な書物です。国家間の微妙な租税政策の違いを利用したスキーム――。現代の多国籍企業は、税制の仕組みを巧みに利用し、税金を少なくするプランニングをしています。これは、租税回避の問題です。また、時代の変遷によるデジタル課税の導入についても言及されています。

法人（所得）税については、そのような対応は行われていません」と締《し》められています。

この「法人（所得）税」については、先ほど述べたとおり、「法人が得た所得に対する税」が「法人税」です。つまり、法人税のことを指しているだけなのです。ところが、「（所得）」と入れられているのは、専門的見地からすると、「消費」に対する税金と、「所得」に対する税金を、税の性質としては分けて考える思考があるのです。著者の森信茂樹は、おそらく、所得に対する税金である点を強調したくて、法人税にあえて「（所得）」を入れたのでしょう。

このような専門性の高い本を読む場合には、本を読む際に言葉の意味を調べたり、確認したりしたほうがよい場合があります。少し面倒《めんどう》だと思われるかもしれませんが、**高度な思考力を手に入れて、興味のある分野のことを深く知ろうと思ったら、基本概念の正確な理解が必要です**。ぜひ、恐れることなく、専門性が高い本にトライしてみてください。

わたしもそうなのですが、自分の知らない分野をはじめて学ぶときは、さまざまな恐れを感じるものです。また、難しくて素人《しろうと》の自分には理解できない（ついていけない）のではないかと不安に思うものです。でも、よく使われている言葉の意味を正確に調べて理解していくと、意外と簡単に意味がわかってくるものです。

わたし自身が、法律の中でも難解といわれる税法を独学《どくがく》で学ぶことができたのも、そういうことを1つひとつ丁寧にやってきたからです。立ち止まって面倒がらずに言葉の意味を調べてみましょう。そうした「**心がけひとつで、世界は変わる**」と思います。

専門性の高い本を読むときのポイントとしては、**本の余白《よはく》に、概念の図を書いてしまう**とよいと思います。似たような概念を並《なら》べて、どう違うのかを簡単に説明する図を書くのもありですが、単に概念を並べて書いておくだけでも、「似て非なる概念」であることを認識することができます。

また、単純な図でも、説明されている文章があるページの余白に書いておけば、意味のある図になり、記憶に留《とど》まりやすくなるでしょう。

16 著者の現在の年齢と執筆当時の年齢を確認する

☑ 本の奥付《おくづけ》を確認する理由

本章では思考力を高める読書の方法をいろいろ紹介しましたが、要するに「**本を受動的に読むのではなく、主体的に読むことが大事だ**」ということでまとめられると思います。

本章の最後に、わたしが本を読むときに必ず確認していることをお話しします。

それは、すでに述べた「**奥付**」と呼ばれる、本の最後のほうにある、本のタイトル、著者名、著者のプロフィール、出版社名、刊行年などの書誌《しょし》情報が書かれたページです。

この奥付は、本の情報として極めて重要な部分です。本を買うときはもちろん、本を読み始めるときにも、読んでいるときにも、何度みてもよい部分です。

特に、著者の年齢が計算できる場合は、著者のプロフィール欄《らん》の生年をみて、現在は何歳なのかを計算します。新刊であれば「現在の年齢」がすぐ計算できるので、それでよいのですが、新刊ではない本の場合には、執筆当時（刊行当時《かんこう》）の年齢も計算して、確認しておきます。奥付には、本の刊行年も記載されているのでその年をみて、著者の生年《せいねん》から計算して、当時何歳であったのかをみておくのです。

そうすると、「(その本は) 意外にも著者が30代で若いときに書かれていた」ということがわかったりします。現在のあなたの年齢と照《て》らし合わせたり、その本の執筆当時の著者と同じ年齢だったころのあなた (自分) と比《くら》べたりするのもよいと思います。

また、著者の考え方も、年齢を重ねることで変わっていく場合もありますから、数十年前の本であれば、現在 (著者が故人の場合はその後) の本も次に読んでみて、その考えに変化があるのか、ないのかを確認するのもよいでしょう。

そうすれば、その著者が若いころから一貫《いっかん》して同じ主張をしていたのだとわかる場合もあります。そもそも、世に名を遺《のこ》した作家は、年齢にかかわらず初期のころから才能あふれる文章を書き続けているものです。特に、村上春樹、芥川龍之介、福澤諭吉というように、著名な人の本は、執筆当時の著者の年齢を知っておきたいものです。

☑執筆当時の著者の年齢を確認するときに注意すべきこと

そのときの注意事項が1つあります。

それは、本は単行本で刊行された後に、簡易《かんい》な文庫版に収録されるなど、最初に書かれたものが別の媒体《ばいたい》になって出版されることも多い点です。

故人の松本清張の例でいえば、いまでも「新装版《しんそうばん》」という名の文庫の新刊が発売されますが、この新装版の奥付をみると、その新装版の刊行年しか記載されてない場合があります。

多くの文庫本や新装版などの二次収録のものは、初出《しょしゅつ》（オリジナル）である一次刊行の際のタイトル、出版社、刊行年も、本の巻頭《かんとう》（最初）や巻末《かんまつ》（奥付の前のページなど）に小さく記載されています。したがって、文庫版や新装版などの場合は、こうした部分には気をつけて、著者の刊行当時の年齢を間違えないようにしましょう。

「記憶力」を高めたい人におススメの本

『本を読むときに何が起きているのか』

ピーター・メンデルサンド（著）、細谷由依子（訳）、山本貴光（解説）、フィルムアート社、2015年

ユニークな本です。厚いですが、黒色のページも多く、絵もふんだんに使われており、アートな何かを眺めるように読み進められます。本を読むときに何が起きているか。普段は考えることのないテーマだと思いますが、本書はそこに迫ります。読書による記憶のプロセスの手がかりにもなるでしょう。

『知的生活の方法』

渡部昇一（わたなべ　しょういち）、講談社現代新書、1976年

1976年に発売された、生前に著名だった上智大学の渡部昇一先生の本。体験を踏まえた「知的生活」を送るための工夫が描かれています。「精読・通読する本は無理をしても買うべき」。この言葉に、歴史の出来事を正確に記憶していたといわれる著者の神髄が垣間見えます。

「思考力」を高めたい人におススメの本

『FACTFULNESS 10の思い込みを乗り越え、データを基に世界を正しく見る習慣』

ハンス・ロスリング、オーラ・ロスリング、アンナ・ロスリング・ロンランド（著）、上杉周作・関美和（訳）、日経BP、2019年

翻訳書で、文字数も多いですが、必読書だと思います。世界の現場をみてきた医師の遺作。息子たちに託したその内容は、最新の統計データ、実体験、クイズ形式による楽しませ方もまじえ、圧巻です。ありがちな10の本能のあぶり出しは、思考に爆撃をもたらすことでしょう。

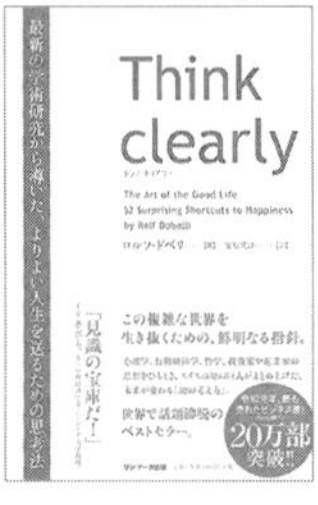

『Think clearly 最新の学術研究から導いた、よりよい人生を送るための思考法』

ロルフ・ドベリ（著）、安原実津（訳）、サンマーク出版、2019年

スイスのベストセラー作家による「思考の道具箱」の本です。500ページ近い翻訳書ですが、外国の本であるにもかかわらず、身近にある日常の考え方や悩みなどの論述から、万国共通の本質を獲得することができます。国内の自己啓発書に飽きた方にも、おススメです。

第4章

「楽しむ読書」を習慣化する方法

1

まずは読みたいように読めばいい

☑すき間時間をうまく使えば忙しくても本を読むことができる

記憶力を高めるためには、どのように読めばよいかについては、第2章でお話をしました。また、思考力を高めるための読書の仕方《しかた》については、第3章でお話をしました。

そのような読書の効用《こうよう》に注目したお話をする際にも、**「自由で気ままに楽しむ読書」**がよいことを折《おり》に触れて言及《げんきゅう》してきました。

社会人であれば、仕事が忙しいと思いますし、特に家庭のある人は職場と自宅との往復《おうふく》で日々が過ぎ去り、「平日に一人の時間なんて取れない」ということもあるでしょう。

また、学生であれば授業に関連した課題やゼミなど以外にも、部活やサークル、アルバイトがあり、多忙《たぼう》かもしれません。近年では、低学年から職業体験としての各種インターンに参加する大学生も多いと思います。ほかにも、年に数回以上の海外旅行や短期留学をして、「社会人よりも忙しい」と思うくらいの学生もいるかもしれません。

そのような状況で、読書を習慣化することは、なかなか難しいと思われる読者もいると思います。しかし、どんなに忙しくても1日に1食も食べないという人はいないでしょう。また、「忙しすぎてお風呂に入る余裕なんてないし、トイレに行く時間もありません」という人もいないでしょう。1日の多くの時間が仕事や学業などにあてられるといっても、それ以外の時間もあるはずです。

また、電車やバスを使って通勤や通学をする人は、会社と自宅の往復で電車やバスに乗る時間が毎日あるでしょう。こうした細切《こまぎ》れではあるものの、毎日コンスタントにある時間を、まずは読書にあてれば、それだけで読書を日々の習慣にすることができます。もし、ほかにも通勤・通学の時間にやるべきことがある場合には、すべての時間ではなく10分でも5分でもいいので、その一部を読書にあててみてはいかがでしょうか。

その際、小難《こむずか》しい本を読もうとすると、「なかなか気分が乗らず、カバンに入れたけど読めずに終わってしまった……」というような、義務感と不履行感《ふりこうかん》が生じてしまうかもしれません。そうではなく、あくまで**通勤・通学の時間にあてる読書は、とにかく「心の底から読みたい！」と思うような本を選べばよいのです。**

本書の「はじめに」でも述べたように、わたしは読書の習慣が弁護士になるまでありませんでした。しかし、30代になってから読書に目覚《めざ》めました。弁護士の仕事をしながら、往復の通勤時間の電車の中、お昼休みのスタバ、仕事の帰りに立ち寄るカフェというように、1日4か所で本を読んでいました。これだけでも、1日にかなりの分量を読むことができました。

当時、わたしが読んでいた本は、弁護士だから難しい法律の本かと思われるかもしれませんが、そのような本を読んでいたら仕事モードになってしまいます。そうではなくて、文体が自分の肌《はだ》に合って好きな作家、あるいは世界観やストーリー展開が好きな作家の小説を読んでいました。

また、出張があったときなどは、飛行機や新幹線の中でずっと本を読んでいたときもあります。そうすると、数時間単位で読書に時間をあてられることになりますので、出張といえば「本がたくさん読めるぞ！」という感覚をもっていました。

☑ そのときの気分や状況によって読みたい本は変わる

読書の習慣を育むためには、そのときの気分にピッタリ合う本の選定《せんてい》が重要になります。好きな著者の本でも、通勤電車の中や仕事のあるウイークデイ（平日）のお昼休みのカフェには、どうしても気分が合わないという本があります。また、ウイークデイだと、それがすき間時間であったとしても、なかなか頭の中にも心の中にも入ってこない、という本もあるでしょう。この手の本は、逆に週末のカフェで読むと、休日を謳歌《おうか》できるような至福の時間を味《あじ》わえたりします。

さらに、電車に乗ったときに混雑していて座ることができなくても、立ちながらでも読みやすい本もあれば、座ることができた場合に没頭《ぼっとう》できる本もあると思います。

つまり、**その日、そのときの気分や状況によって「いまは合う」「いまは合わない」ということが、本にはあるのです。**そこで、通勤・通学に使用するカバンの中には、ジャンルや著者などが異《こと》なる本を数冊忍《しの》ばせておくことをおススメします。

そうすれば、その時々のシチュエーションに応じて、気分や状況にマッチする本を取り出して読むことができます。そして、ある程度まとまった時間がある場合には、読書の途中でほかの本に切り替えても構いません。

何ものにもとらわれず、興味があって入手《にゅうしゅ》し携《たずさ》えている本の中から、そのときの気分で読みたいものを取り出し、すき間時間で読んでみたらいいのです。なお、わたしは数分程度で乗り換えるような電車であっても結構、本を読んできました。

そのような数分の短い時間でも、意外と読めるものです。**毎日の細切れの時間を読書にあてていけば、殺伐《さつばつ》としていた毎日の通勤・通学の時間が、いままでとまったく違う「楽しい世界」に変わるはずです。**ぜひ、試《ため》してみてください。

2

自分の心に忠実《ちゅうじつ》に読みたい本を選択する

☑「読む自由」とは？

「人から強制される読書がつまらない」というのは、子ども時代に誰もが一度は書いたことがある読書感想文を思い出してみれば、わかることでしょう。もちろん、自分で読みたいと思って選んだ本であれば、感想文も充実したものがスラスラ書けたのかもしれません。なお、小学生のころに学校が強制してでも感想文を書かせることについて、教育としては一定の合理性があるようにも思います。

ただ、大人になってからは**「読む自由」**をもち続けていたいものです。

読む自由とは、①どんな本を読むのか読まないのか（**本を選択する自由**）、②いつ読むのか（**本を読む時間の自由**）、③読んだ後にアウトプットをするのかしないのか（**読後のアウトプットの自由**）、④アウトプットする場合の方法（**アウトプット方法の自由**）などについて、他者からの干渉《かんしょう》がないことです。

そのような「精神の自由」があってこそ、読書は、あなたの日々の活力《かつりょく》となるのです。具体的には、読書から得た知識はあなたの血肉《けつにく》となり、獲得した思考（考え方）は、仕事や日常生活や趣味などさまざまな場面で、それらを創造的に推進する力になるでしょう。

そうした実利《じつり》だけでなく、**本当の意味での読書の良さは、どんな場所にいても、本の世界に浸《ひた》れること**だと思います。本の世界を長い時間、浸って十分楽しみ味わったつもりでも、現実の世界ではそれほどの時間が経っていない、ということがよくあります。

小説などを読んで、いま自分がいる現実の世界とは異なる場所にいるような気分にどっぷりとつかり、そろそろ現実の世界に戻らなければと思って本を閉じると、10分程度しか経っていないということがあります。これは、読書によって時間すら獲得しているといえるかもしれません。こういう感覚は、体験してみないとわからないはずです。ぜひ、あなたも「読書によって時間を獲得する感覚」を体験してもらえればと思います。

☑ 読書でカッコつける必要はない

話を戻しますと、①の本を選択する自由とは、自分で読みたい本を選べるということですが、それだけではありません。例えば、好きな人や尊敬する人、憧《あこが》れの人が薦《すす》める本を読む自由もあります。あるいは、雑誌やネットで紹介されていた本を読んでみたり、書店で平積《ひらづ》みされている装丁《そうてい》が気になって購入《こうにゅう》して読んだりする自由もあります。

そこに制約はありません。大事なことは、他人に強制されて読むのではなく、自分の意思で読むことです。そうすると、**背伸びするような「カッコ（格好《かっこう》）つけた本」である必要はなくなります。**カッコつけた本とは、タイトルや著者をみたときに、人から「すごい本を読んでいるね」と思われるような本です。例えば、ダーウィンの『進化論』や、マルクスの『資本論』を読んでいたら、なんとなくそれだけで「カッコいい」かもしれません。

近年の例でいえば、トマ・ピケティの『21世紀の資本』（みすず書房）やL・ランダル・レイの『MMT　現代貨幣理論入門』（東洋経済新報社）などが該当すると思います。しかし、あなたが本当は（心の底では、その本は別に）読みたいわけではないのだとしたら、あなたは読書で無理をしていることになります。これでは「自由な読書」とはいえません。

一方、「30代のあなたの収入が増える方法」「できる大人の夜遊び百選」「確実にあなたの意見を通すための技術」「ラテをやめれば、アレルギーは治る」といったタイトルをみると、「おい、そんな本読んでいるのかよ」と周《まわ》りの誰かに突っ込まれそう（あるいは、自分自身が突っ込んでしまいそう）ですよね。でも、それが**「本当は読んでみたい本」なのであれば、こっそりと一人で読めばいいのです。**

この手の本は、ビジネス書、自己啓発書というジャンルに多くあり、収入の悩み（お金の悩み）、遊びの悩み（遊びたい願望《がんぼう》への対処）、立ち振る舞いの悩み（仕事のスキルの悩み）、健康の悩みなど、人間の根源《こんげん》にある問題の解決策を示してくれる本です。

これらは20代、30代のビジネスパーソンでみると、仕事のできる人ほど、じつはこっそりと読んでいる人が多い分野の本だと思います。逆にいえば、経験も豊富で職制上の地位が上がり、組織や社会でのポジションが確立される40代以降になると、めっきり読まなくなる分野の本でもあるといえます。わたしも30代のころは、こうしたジャンルの本をよく読んでいました。

他方で、こうしたジャンルの本だけを読んでいると、思考に広がりがなくなるというか、読書の味わいが薄《うす》れるようにもなり、視野狭窄《しやきょうさく》というか、窮屈《きゅうくつ》な気分になるのです。そこで、視野を広げてくれる本として、1つは異世界《いせかい》に行ける小説（物語）を、もう1つは堅《かた》い古典的名著をおススメします。

☑ あなたの思考が求める本を素直に読む

いま、あなたが読みたいものを素直に手に取って読む習慣をつければ、「ご飯ばかり食べていたら、味噌汁《みそしる》も飲みたくなる」ように、あるいは「肉ばかり食べていたら、魚も食べたくなる」ように、さらには「ケーキを食べていたら、コーヒーや紅茶が飲みたくなる」

ように、対《つい》になって、別のジャンルの本が自然と読みたくなるはずです。

これは、わたしの読書感覚でいうと、「堅い内容の本を読めば、柔《やわ》らかい内容の本が読みたくなる」と感じ、「フィクションを読めば、ノンフィクションが読みたくなる」というものです。あるいは、「新しい本を読めば、古い本を読みたくなる」という感覚でしょうか。これらの感覚は、相互に繰り返しやってきます。

ここでは、わたしの感覚を紹介しましたが、もちろん、あなたはわたしと異なり、同じジャンルを読み続けたくなるかもしれません。それでも構わないのです。

いずれにせよ、いま、あなたの心が求めている本が、身体が求めている食べ物と同じように、あなたの思考が求めているものだと思います。それを手に取って読みましょう。

3 自分と感性《かんせい》が合う著者をみつける

☑ 読書によい影響を与える著者との出会い

あなたが心の底から求める本を探して読む習慣ができてくると、自《おの》ずと「気になる著者」が現われると思います。学校や職場で多くの人と接していると、気がついたら「気になる人」や「好きな人」ができているのと同じです。その人が、あなたの感性と合うタイプの本を書いてくれる著者になります。

こうした**自分と感性の合う著者との出会いは、読書体験として貴重《きちょう》**です。その人の著書が多数出版されている場合は、いわば安定して読むことができる本を数多く獲得したことになります。読書の楽しみは、倍増《ばいぞう》することでしょう。

わたしは29歳で弁護士になりました。社会に出るのが遅かったものの、いきなり社会的地位の高い「先生」と呼ばれる弁護士という職業につきました。ビジネスマナーも知らないうちに、法律に関連するさまざまな仕事をすることになったのです。同時に、自分が勤めたこともない会社の社長や取締役などの経営陣、あるいは大企業の部長などと普通に仕事をするようになりました。

そうした新人のころは、一日の仕事を終えるたびに「あれもダメだ。これもダメだ」と自分にないスキルを次から次へと発見しては、自分の能力のなさを痛感し、ひどく落ち込みました。

それは、ビジネス書によく出てくる能力、つまりビジネススキルでいえば、プレゼンをする力、説得する力、わかりやすい文章を書く力、雑談をする力、的確な質問をする力、かみ砕《くだ》いて要点を伝える力、上手に説明する力、話を聴く力、現場で上手にメモする力……というように、挙げ始めるとキリがないほど、本当にたくさんありました。

こうしたビジネススキルを、とても読みやすく含蓄《がんちく》のある文章で解説したビジネス書を、わたしが30代だった当時に多数出されていたのが、いまではテレビでもおなじみの**齋藤《さいとう》孝《たかし》教授**（明治大学文学部）でした。同教授は現在、人気テレビ番組『全力！　脱力タイムズ』（フジテレビ）にも出演するなど有名になりました。著書の数も驚異的に多く、毎日のように新刊がでている印象ですが、当時はそうではありませんでした。

わたしは、弁護士になったばかりの２００３年から２００４年のころ、書店で平積《ひらづ》みされた齋藤孝教授の本のタイトルに惹《ひ》かれて手に取り、同教授の名前を知りました。そして、同教授の著書を何冊も購読するうちに、すっかりファンになったのです。「この本の著者である齋藤孝という人は、いったいどんな顔をしていて、どんな声を出すのだろう？」と思うこともありました。当時はテレビでみることもなく、知名度は低かったからです。

また、誰かに紹介されたわけでもないのですが、ビジネススキルを求めていた当時のわたしにピッタリと合った本が、筑摩書房から出ていた「ここがちがう」シリーズでした。いまは文庫化もされていますが、**『質問力』『コメント力』『段取り力』**などを読みました（ほかにも**『恋愛力』**などもあったと思います）。

そのシリーズは、装丁《そうてい》（カバーデザイン）が色でくっきりと区別され、いわゆる自己啓発書などのような、肩書《かたがき》がはっきりしない著者が書いた本とは異《こと》なり、教育学やコミュニケーション技法《ぎほう》に精通《せいつう》した大学教授によってわかりやすい文体で書かれているので、安心して読むことがました。

齋藤孝教授の本の良さは、古典的名著からいま流行《はや》りの漫画まで幅広《はばひろ》く、教養が引用《いんよう》され、紹介されていることだと思います。著者の考えが全面的に出てくるという「押し付け感」がなく、本の中で紹介される偉人《いじん》から教わるイメージです。そして、紹介された本を読みたくなるので、爾後《じご》の読書によい影響をもたらしてくれます。

他方で、わたしが30代のころには、仕事がうまくいかずに気持ちが落ち込んだり、若い

『コメント力』

齋藤孝（さいとう　たかし）、筑摩書房、2004年

はまりがちな「あら探しコメント」から、ポジティブなものは生まれない。知的優越性や嫉妬心が背後にある――。ＳＮＳ全盛の現代にピタリとはまる著者の先見性が、垣間見えます。コメントをする力は、意識すれば技術になります。独特なテーマで仕事にも役立つ、味わい深い１冊です。

がために将来が不安になったりするなど、精神的な浮き沈みもよくありました。こういう心の揺《ゆ》れに対しても、本は温《あたた》かく、わたしを支えてくれました。特に経験が乏《とぼ》しい若いころの仕事では、何がよくて何が悪いのかがわかりません。

こうした仕事や人生の悩みを解消する秘訣《ひけつ》について、的確《てきかく》に具体例を挙げながら、読みやすい短い文体で指南《しなん》する著者が中谷彰宏《なかたにあきひろ》でした。この著者も、書店で自然と本のタイトルに惹かれて読むようになり知ったのですが、たまにテレビにも出ていることを知人から後から聞いて知りました（当時、テレビをほとんどみなかったので、知りませんでした）。

☑ 感性《かんせい》の合う著者の探し方

齋藤孝も中谷彰宏も多作《たさく》の著者です。両氏とも1000冊以上あるかわかりませんが、500冊は軽く超える著書があるはずです。それだけアイデアが豊富であるともいえます。独自《どくじ》の文体をもち、また固定のファンがいるからこそ、本を出し続けられるのでしょう。

ほかにも、わたしが本をよく読む著者はたくさんいます。

あなたも、**感性の合う著者を1人でもみつけると、読書習慣が安定化します**。もし、なかなかみつからない場合には、自分の好きなタイプの人や尊敬する先輩や上司に好きな著者を聞いてみたらいかがでしょうか。あるいは、1人でも好きな芸能人やプロスポーツ選手などがいたら、その人が好きな著者の本を読んでみるという方法もあります。

また、好きな著者ができたら、その著者が本の中で紹介している別の著者の本を読んでみる、という方法もあります。

感性は連鎖《れんさ》し、つながることが多いものです。こうした方法を試《ため》せば、きっとよい著者にめぐり合う近道《ちかみち》になるでしょう。もちろん、読んでみて自分の感性に合わないときは、もう読まなければよいだけです。無理はしない、人には合わせないことを貫《つらぬ》きましょう。

自分に本当に合うパートナーを探すときに、他人の好みや意見は関係がないように、好きな本、好きな著者をみつけるためには、自分の心と真摯《しんし》に向き合うことが大切になる、ということです。

4

著名人が書いた本からは「人となり」を読む

☑ 著名人の本の楽しみ方

プロ野球の選手や監督、サッカー選手、ラグビー選手（引退した元選手・監督も含《ふく》みます）などスポーツ界の著名人には、本を出している人も多くいます。お笑い芸人や俳優、女優、アナウンサーなどでも同様です。

こうした著名人は作家ではありませんが、テレビなどのメディアを通じて有名なので、彼らの本も確実に一定数は売れるという見込みが立ちやすく、出版されるのだと思います。

作家の本と異なり、著名人の本の多くはインタビューやライターによって書かれています。おそらく著名人はとても多忙《たぼう》なので、執筆する時間をなかなか確保することができないからだと思います。世の中には、プロのゴーストライターも存在し、そうしたライターなどが書いた本は、著名人が実際に話したかのように上手な文章で書かれています。

文章を味わうことが好きなわたしは、作家自身が書いた本に強く惹かれるため、ライターなどによって書かれた著名人の本を読んでも、正直歯ごたえがないというか、文章に深みを感じず物足りなさを感じてしまうことが多いです。

しかし、「その人の『人となり』がわかる」という意味では「**人を知る勉強**」になります。テレビでは一瞬というか、いまのその人の一部の姿しか映《うつ》りません。しかし、過去にあった大きな挫折《ざせつ》や、いまの仕事についた経緯などが詳細に語られていることが多いのが、著名人の本の特色です。テレビでは決して味《あじ》わえないものなので、その意味で読んでみると、面白い本だと思います。

わたしはプロ野球では横浜DeNAベイスターズのファンなのですが、他球団の選手・監督をされていた**野村克也**《のむらかつや》の本もよく読みます。同氏の場合は、作家といってもよいほど、たくさんの本を書かれています（原稿執筆後、他界されました）。

野球が好きな人であれば、野村克也の本から、野球の考え方を通じて人生の哲学も学べると思います。努力家の視点が随所《ずいしょ》にみられ、一流になるための雑草魂《ざっそうだましい》のような気概と、他方で、プロで活躍するための繊細な技術論も書かれているからです。どんな人にも役立つであろう、仕事や生き方のヒントになる示唆《しさ》が豊富《ほうふ》に盛り込まれています。

また、わたしが応援する球団にとってライバル球団の監督ですが、**原辰徳**《はらたつのり》の『**原点—勝**

ち続ける組織作り』（中央公論新社）などは、父親から受け継いだ考えなども含め、監督力をどのように磨《みが》いてきたのかが克明《こくめい》に描かれており面白かったです。10年ほど前になりますが、この本を読んでから、わたしはベイスターズファンなのに、原辰徳という人物のファンになりました。

☑ 読むと「生きるエネルギー」がわいてくる本

最近では、お笑い芸人からボクサーになり、いまは画家として絵を描いている**片岡鶴太郎**の本を読みました。**『50代から本気で遊べば人生は愉《たの》しくなる』**（SB新書）という本です。

勉強ができなさそうにみえながら、中学校時代に朝の4時まで毎日猛勉強して、成績が学年で上位に入ったエピソードなども描かれていました。特に、職業を芸人、ボクサー、画家……と転々としてきた人ならではの視点や苦悩も描かれており、生き方の参考にもなる内容でした。

挙げたらキリがありませんが、ほかにはこれまで読んだ本で特に記憶に強く残っているのは、**つんく♂**の**『一番になる人』**（サンマーク文庫）です。シャ乱Q《らんキュウ》というバンドの曲のCDを売るために、どのように努力したのかなどのエピソードが、強烈《きょうれつ》に印象に残る本

『50代から本気で遊べば人生は愉しくなる』
片岡鶴太郎（かたおか つるたろう）、SB新書、2017年

テレビでお馴染みの鶴ちゃん。その肩書は、じつに多彩。モノマネ芸人、ボクサー、役者、画家、書家、ヨギ……。調子がよいときほど、目がいかないものがある。その多様な経験と実践が凝縮されており、どんな年齢の方でも「自分らしい人生」を手にするヒントが得られます。

でした。特に、物やサービスを売り広めていくことに腐心されている人には、大きなヒントが得られるのではないかと思います。

男性ばかりになってしまいましたが、アナウンサーの小林麻耶《こばやしまや》も何冊か本を書いています。『まや道　向かい風でも笑顔《えがお》の理由』（小学館）を読むと、ぶりっ子キャラの背後にある、彼女の仕事に対するひた向きな姿勢《しせい》をみることができます。

人となりを知ることは、テレビを観《み》るだけではなかなかできません。

華々しくみえる人のそれまでの人生における浮き沈みや、実力・知名度といったポジションが上昇《じょうしょう》するための原動力や考え方を垣間見《かいまみ》るのは勉強になり、さまざまな気づきから**「生きるエネルギー」**がわいてくると思います。

5 自分の関心事を洗い出す

☑ 本は誰にも知られずに一人で読むもの

読書習慣がまだ身についていない人は、心の底から読みたい本を、まずは読むことから始めるのがよいでしょう。ここで注意してほしいことは、カッコつけた本（他人からみられたときに「すごい本を読んでいるね」といわれて誇《ほこ》らしく感じるような本）を**見栄《みえ》のために読むふりをしていても、何も得られない**ということです。

少し厳しめのいい方をしますが、見栄のための読書とは、本当は読んでもいないのに本棚《ほんだな》にずらっと並《なら》べられた世界文学全集のようなものです。

これは、いわば他人にみせるための読書（のふり）ですよね。本書は読書をテーマにした本なので、わたし自身が過去に読んだ本やその著者を例として少し挙げています。しかし、正直なところ、自分が読む本を挙げるのはとても恥ずかしい気分がします。

つまり、本当の読書とは、読んでいる本の著者のことも、タイトルのことも、装丁《そうてい》も、誰にも知られずに「こっそりと、一人で読むもの」ではないでしょうか。

なぜなら、読書経験の豊富な人になれば、本の著者やタイトルから、その人の心の内《うち》まである程度みえてしまうものだからです。これは成人向けのエッチな本を買う人が、エッチなことを考えていることが確実なことと同じくらい、だいたいわかってしまいます。

わたしはそういう意味からというわけではありませんが、村上春樹の小説を愛読していることを人に知られたいと思っていませんし、そのことについて人と話をしたいとも特には思いません。もっといえば、自分が読んでいる本について、誰かと語り合いたいとも思いません。読書好きな人であればわかると思いますが、本当に本を読むことが好きな人は、語る時間があれば、次の本を読みたいのです。

そういう意味で、カッコつけた本を読んでいるふりをしている人には、申し訳ありませんが、それでは読書の習慣など身につかないと思いますし、本当の意味での本好きとはいえないでしょう。

とはいえ、読書の習慣を身につける過程《かてい》では「心の底から読みたい本が、そもそも何なのかわからない」ということのほうが多いかもしれません。はじめて家庭用ゲーム機を購《こう》入《にゅう》した人が、どんなゲームソフトを購入すればいいのかわからないのと同じように、豊富な読書の経験がないと、そもそも何が自分に合うのか、どんな本を自分は読みたいと思っているのかですら、わからないと思います。

それは、「テトリス」というゲームをやったことのない人が「テトリスは自分に合う」あるいは「テトリスをやりたい」と思うかどうか、判断できないのと同じだと思います。

また、RPG《アールピージー》（ロール・プレイング・ゲーム）をしたことがない人が「ドラクエ（ドラゴンクエスト）とファイナルファンタジーの違いがわからないので、どちらが自分に合うのか判断できない」のとも同じだといえるでしょう。つまり、読書に慣れていなければ、読む本がわからないことはごく自然で当たり前のことです。

このように経験のない人には、同じジャンルの商品の比較はできませんよね。本にもジャンルがあり、また1つのジャンルの中にさまざまな著者がいて、たくさんの作品がありま す。それらの微妙な違いを語れる人が、読書の習慣のある人ともいえます。

☑ 書店で自分の関心事をみつける方法

そうすると、あなたが何に関心があるかを知るためには、まずはテトリスでもドラクエでもやってみたらいいのと同じように、**目についた本を読んでみたらいいのです。**

1つの方法としては、とにかく書店に行ってウロウロしてみることです。ベストセラーランキング入りしている本でもよいですが、多様《たよう》なニーズに応えるべく、本はたくさん出版されていて、小説・文学、政治経済・ビジネス、哲学・心理学、歴史・地理など、さまざまな棚《たな》（コーナー）があります。

わたしは職業柄、書店に行けば、まず法律の棚と税務の棚を必ずみますが、それは仕事に関連する新刊の状況を常にみておくためです。Amazonでも「税法」などのキーワードを入れてまめにこれから発行される新刊の情報もチェックしています。

そういう意味では、あなたの仕事の業種に関連する棚をみるのでもよいでしょう。学生であれば、一般教養も含《ふく》めて自分が所属する学部やゼミで授業を受けている分野の棚をチェックしてもいいかもしれません。

しかし、これらは〝仕事〟という、かなり限定された日常生活に関わる分野の本になります。**「非日常としての読書」**を味《あじ》わうためには、じつはそうした分野ではないところに面白い本は隠《かく》れています。その意味では、手軽に買えるにもかかわらず、**ジャンルが幅広《はばひろ》い新書のコーナーに足を運ぶのがよい**と思います。

もっとも基本的には、新書に小説はないので、文庫の棚にも行くことを個人的にはおススメします。

☑ 同じ小説なら文庫を選ぶ理由

新書と文庫のメリットは、本の価格が安価であることです。特に、新書は専門家でない読者に向けて新しい専門分野をかみくだいて書かれたものが多く、かつ十分な知識をもった実力のある著者が書いている点だと思います。

これに対して、文庫は二次利用作品がほとんどです（「文庫書き下ろし」も稀《まれ》にあります。ただし、最近は増えているようです）。したがって、単行本として発売されて数年たって、価値のあるものを文庫化するというフィルターがかけられている点に文庫の特長があります。

小説を読む場合、単行本（多くは四六判《しろくばん》）は重いですし、紙も厚く、また1ページ当たりの文字数が多いため、読むために体力を使います。一方、文庫はコンパクトで、紙も薄《うす》く、1ページ当たりの文字数も（いまの文庫の場合）少ないため、スラスラと読みやすいのです。

試《ため》しに同じ小説で、単行本と文庫の両方を読んでみてください。好みは分かれるのかもしれませんが、わたしは同じ小説でも、ハードカバーの単行本で読むと、よく途中で挫折《ざせつ》してしまいます。

ハードカバーはもち運びも大変なので、自宅でしか読まなくなり、読む機会が減ります。

その結果、なかなかページが進まないので、冬休みなど自宅などにこもって集中して読めるような環境がないとなかなか読書がはかどりません。逆に、文庫本は、カフェでも、電車やバスの中でもスラスラと読むことができます。

他方で、本書のようなビジネス書の単行本は、そもそも小説とは異なり、文庫化は予定されていません。また、新しい考え方に積極的に触れていくためには、こうしたソフトカバーの単行本を読むことに価値はあるでしょう。

6

1冊の本に感銘《かんめい》を受けたら同じ著者の本を読み倒す

☑「面白い」と思った著者の別の本の選び方

前でも述べましたが、読んでいて「この著者いいな、面白いな」と思ったら、次にまた同じ著者の別の本を読んでみましょう。

多作《たさく》の著者であれば、まずはその本の後ろのページやカバーなどに記載された過去のラインナップ（各出版社〈版元《はんもと》〉の書籍広告）をみて、その中から気になるタイトルの本を買うのがよいと思います。

同じ著者でも、出版社が変わるとトーンが変わることがあります。それだけ、本は著者の世界観だけではなく、じつは出版社の世界観も影響するのですが、そういう意味でも、**あなたが読んで自分の感性《かんせい》に合うと感じた本と同じ出版社から発行された同じ著者の別の本は、あなたの感性に合う可能性が高くなります。**

まずは、そこからつぶしていきましょう。わたしは松本清張《まつもとせいちょう》にハマったときに、新潮文庫の『点と線』や『砂《すな》の器《うつわ》』から入りました。新潮文庫ではカバーの背表紙は著者によって違う色を使用していて、松本清張の本は赤い背表紙のカバーで統一されているのですが、それを順番に買っていきました。

書店に行けば文庫コーナーがありますが、集英社文庫、講談社文庫、文春文庫、光文社文庫、岩波文庫など、さまざまな文庫があります。文庫の場合、著者ではなく、出版社ごとにコーナーがつくられているため、松本清張の棚《たな》をみつけたとしても、その棚には例えば光文社文庫など別の出版社から発行された松本清張の本が並んでいる可能性があります。したがって、まずは新潮文庫のコーナーを探し、そのコーナーで松本清張の棚を探すことになります。

☑ ネットの書店とリアルの書店の両方をうまく利用する

こうして赤い松本清張の本の背表紙を書店で眺めていると、本のタイトルもだんだん朧気《おぼろけ》ながら覚えてきて、また物理的な分量や上下巻があるかなどもわかってきます。

Amazonなどのネット書店の場合は、このあたりがわかりにくいですね。ただ、リアルな書店の場合は、大型書店であっても、自分の欲しい本がない場合があるというデメリットもあります。ネットの書店とリアルの書店の両方を使いこなすとよいでしょう。逆にいえば、リアルの書店で本を探すときには、著者名やタイトルがわかっているときは、Amazonで検索して、どの文庫なのかを確認すると、早くその本があるコーナーに辿《たど》り着《つ》けると思います。

この松本清張の新潮文庫シリーズを、わたしは30代のときに全冊読みました。かなりの数がありましたが、読み終わったときには、これで新しい作品は読めないのかと残念に思いました。しかし、光文社文庫や文春文庫など、ほかの文庫に目を向けると、さすが多作の国民的作家、ほかにも大量に小説があったので、今度は別の文庫シリーズに移りました。

このように、一人の著者の1冊を気に入ったら、まずはその出版社の本、次に別の出版社の本という順で、その著者の本をどんどん読んでいくと、似たような面白さを味わい続けられるはずです。

いずれにしても、わたしの場合は、1日の中でも、1冊の本、一人の著者だけを読むということはしません。複数の本の併読《へいどく》がわたしの基本的な読書スタイルで、松本清張の小説を読んでいるときでも、ほかの著者の小説や、ほかの著者の別のジャンルの本も、どんどん購入《こうにゅう》して、気の向くままに並行《へいこう》して読んできました。

7
装丁《そうてい》が工夫されている本は内容も充実している可能性が高い

装丁とは本のカバーなどのデザインのことですが、カバーは作品の世界観を言語ではないアートとしてつくられています。装丁家《か》が編集者から聞いたその本や著者のイメージをもとに複数の案を創作したうえで、最終案を決定しています。

わたしも自分の著書を50冊以上出してきました。装丁選びは毎回悩ましかったのですが、その**本の世界観**をまだ読んでいない未来の読者にカバーのイメージで伝える必要があります。編集者から送られてきた案をみて、その都度《つど》、あれこれ考えて決めてきました。

それはともかく、読み手の立場で考えてみると、つくり手のイメージがうまく反映された装丁に不思議と惹かれてしまう本は、読んでみると内容もよいものが多かったです。

他方で、「装丁がイマイチだな」と思う本にもめぐり合います。そうした本の場合、新装版といって、同じ本でも装丁を変えてリニューアル（新商品として流通）される本もあるのですが、新装版の装丁をみたらそれまで読む気が起きにくかった本に俄然《がぜん》と興味がわき、実際に買って読んでみたらものすごく面白かったということがあります。これは、装丁の威力を感じさせられるケースですが、逆に「装丁がイマイチでも面白い本はある」という側面も表しています。

ただ、個人的な経験からいうと、**装丁がつくり込まれているものは、やはり中身《なかみ》も濃厚《のうこう》であることが多い**という相関関係はあるように思います。稀《まれ》に、ビジネス書などでは、装丁だけがよくて、中身がイマイチなものもあるのですが、それも読書の経験が増えてくるとわかってくるはずです。わたしは「(この本を買って)失敗したな」と思ったときには、失敗した原因を考えるようにしています。そうした読む前の期待もむなしく、読後に失望に変わった原因を考えてみると、次のような「本選びの失敗」がよくありました。

本の装丁やタイトルなどに惹かれて買ってしまったけど、よくみるとサブタイトル(副題)には少し自分のイメージと違う言葉が使われていたことや、帯《おび》の宣伝文をよく読んでみると、自分が求めていたものとは何か違うことが書かれていたなどです。つまり、違和感のサインを発している部分は何かしらあり、それに気づくことができるのです。

同じ著者でも当《あ》たり外《はず》れはありますし、出版社が同じだとしても著者や編集者が違えば同じような本にならないことも多いのです。そうした失敗を繰り返し経験して、その原因を意識して本を選ぶようにすると、外れの本を買ってしまう確率は下がります。

8 「外れ」が少ない賢《かしこ》い本の選び方

☑ 好きな人や憧《あこが》れの人が薦《すす》める本は「当たり」が多い

尊敬する上司や先輩、憧れの著名人、身近にいる人が薦める本を読んでみる、というのも、賢い本選びの方法だと思います。この点は、すでに言及《げんきゅう》しましたが、少し具体的なお話をしておきたいと思います。

そもそも、職場や仕事の関係で尊敬する人は、あなたにとって「その人みたいになりたい」「この人みたいに仕事ができるようになりたい」というロールモデルになるような人物だと思います。これは、単純に憧れやリスペクトといった感情からくるものですが、そこには多くの場合、「**同質性**《どうしつせい》」が潜《ひそ》んでいるのです。

同質性というのは、憧れる対象には、もともと自分と似た部分があって、その同じような性質に共感している、ということです。そして、ただ同じ性質であるというだけでは、憧れや尊敬の念は生じないでしょうが、自分よりもはるか先を行っているため、自分もそうなりたいと思うのです。逆にいえば、自分もタイプは似ているはずなので、努力すれば「そうなれるかもしれない」という期待が生まれるのです。

もちろん、タイプがまったく違うからこそ憧れるという場合もあると思います。いずれにしても、こうした**憧れの対象の人が「いい本だよ」「この本は面白い本です」と推薦する本があれば、ぜひ読んでみましょう。**

年齢が20歳、30歳以上と大きく離れた年上の人が「いい」という本は、多くの場合は、「古典的名著」と呼ばれる本だと思います。世界の名著や、近現代史に登場する人物の本かもしれません。もちろん、読書好きで新しい本を常に読み続けている人もいるので、最新の面白い本を紹介してくれる人も稀にいるかもしれません。そこまでの目利《めき》きがいたら最高ですが、そのような人は極めて少ないので、若いころから何度も読み続けた、自信をもって推《お》すことができる本を薦める人が多いはずです。

そういう意味では、同じ若い世代からは出てこないような古めのしっかりした本を読むきっかけを与えてくれます。また、憧れの年上の人なので、「あの人がいいというならトライしてみよう」という気持ちにもなるはずです。そういう挑戦的な読書では、現代の新しい本でもよいのですが、古典的名著に触れる機会をもつことはとても重要だと思います。

これに対して、同世代や身近な人から教えてもらう本は、新しめのものが多いでしょう。

これは同世代の瑞々《みずみず》しい新鮮な感覚で、いまの時代を斬るような本を紹介されている可能性もあります。こうした本は将来、古典的名著や名作になる可能性があります。とにかく「面白い」といわれた本なら、まずは読んでみましょう。

☑ 人に薦められてハマった作家の小説

わたしも30代以降に、小説については、職場の人や仕事で知り合った人など、周囲の読書好きの人から紹介されたものを結構読んできました。

そうした紹介がきっかけでいつも愛読するほど好きになった作家が、村上春樹であり、松本清張です。また、一定期間、集中して大量に読み続けた作家としては、東野圭吾、伊坂幸太郎が挙げられます。いずれも名前をよく聞く著名作家でしたが、周りにいた人からたまたま、「この本が面白い」というのを聞いて1冊読んでみたのです。そうしたら、いつの間にか、その作家の世界観にハマっていました。それが、この4人です。

村上春樹については、少し特殊な引っ掛かりを残す出来事があり、数年後に読むようになりました。司法試験の勉強をしていた25歳くらいのころだったと思います。たまたま、受験仲間の中高生時代の友人が、当時テレビにもよく出ていた有名なミュージシャンだったのです。その受験仲間と二人で飲みに行ったときに、「これからどう？　会ってみる？」

と誘われて、夜の遅い時間からそのミュージシャンが合流し、三人でお酒を飲みながら話をしたことがあったのです。そのとき、ミュージシャンの彼が「僕が何度もこれまで読んできたのは、**『ダンス・ダンス・ダンス』**という村上春樹の小説なんだ」と話してくれたのです。彼は三人組の当時人気《にんき》のバンドで作詞などをしていたのですが、「天才的な音楽は、優《すぐ》れた小説から生まれるのか」と思ったことをいまでもよく憶《おぼ》えています。

もっとも、当時のわたしは司法試験受験生です。本を読む時間もなかったので、その話の印象だけが頭に残ったまま、数年が経過します。そして、司法試験に合格した後の司法修習時代の冬休みに、その言葉がふっと蘇ってきて『ダンス・ダンス・ダンス』（講談社文庫）を買って読んでみたのです。しかし、（下）の途中で挫折《ざせつ》しました。

じつは、この本は村上春樹の過去の小説から続いている物語だったこともあり（そのときは知らなかったのですが）、その世界観にすぐに入り込むことができず、「なんだか難しい作品だなあ。この物語はどこに向かっていくのだろう」とモヤモヤしたたま、投げ出してしまいました。

その後、弁護士になった30代のころ、渋谷に当時あった大型書店のブックファーストで**『風の歌を聴け』**（講談社文庫）というデビュー作を買って、近くの不二家で夜ご飯を食べながら読みました。２００６年の年末と記憶しています。そのときは、薄《うす》い本だったこともあり、「この作家は面白いといわれているけど、ずいぶんとラフで誰でも書けそうな意味のわからない駄洒落《だじゃれ》みたいな小説を書くのだな」と、少しバカにした感じで読み終えました。しかし、わたしは、その後、この村上春樹に傾倒《けいとう》します。『風の歌を聴け』については、ハードカバー版を1冊、文庫版は5、6冊もっていて、10回以上は読みました。

松本清張も人に薦められて、「すごい作家で、人間が描けているから読んだほうがいいよ」といわれてはじめて読んだのが30代の弁護士時代で『点と線』（新潮文庫）でした。これも読みやすい文体で書かれた、短めの推理小説でした。時代が古いこともあり、また簡潔な文章で進んでいくため、読み終えた後は「キレキレの推理小説を書く作家だと思っていたけど、人間くさくて、たどたどしい小説を書く人なんだなあ」という印象でした。

しかし、その後に「本当にすごいのは短編だから、短編も読んでみたら」と薦められて、ある短編集を読みます。そのときも、「なかなか独特な小説を書くのだなあ」と思うくらいだったのですが、その後、気がついたら2年間くらいは松本清張の小説ばかりを読むようになりました。それから10年以上経ったいまでも、よく読む好きな作家になりました。

ほかにも、作家そのものは好きになるまでには至らなかったものの、周囲の人から薦められて読んだ小説がたくさんあります。恩田陸《おんだりく》の『夜のピクニック』（新潮文庫）は、わたしが当時勤務していた法律事務所の同僚《どうりょう》で、著者の恩田陸と出身高校が同じ女性の税理士から薦められた本です。彼女は仕事がものすごくできる優秀な税理士だったのですが、読書も好きなようで、裁判のために出張に行ったときの新幹線の中で教えてもらいました。同書は、彼女が通っていた高校の恒例行事《こうれいぎょうじ》を描いた作品で、そうした背景も教えてもらっていたので面白く読めました。

また、同じころ、あまり知られた作家ではありませんが、本の仕事で知り合った女性から、「この本を読んだことありますか？　わたしが一番好きな小説なんです」と教えてもらったのが、**広瀬正《ひろせただし》**の『**マイナス・ゼロ**』（集英社文庫）という小説でした。この本は隠《かく》れた名作だと思います。タイムマシンに興味のある人なら、必読の物語です。古い本ですが、いまでも十分に読める文体と世界観で壮大《そうだい》な物語でした。

湯本香樹実《ゆもとかずみ》の『**夏の庭**』（新潮文庫）も、ある方から薦められて読んだ小説なのですが、大人になってから少年時代を思い起こすことができる不思議なリアリティのある物語でした。

☑「本のコミュニケーション」の意外な効果

挙げたらキリがありませんが、わたしは自分が読書好きなので、30代前半の弁護士時代に本の話ができるきっかけのあった人には、よく「どんな本を読みますか？」とか「好き

『マイナス・ゼロ（広瀬正・小説全集・1）』
広瀬正（ひろせ ただし）、集英社文庫、2008年

1970年に刊行された古めの小説の文庫版です。文庫で500ページ以上あり、読み応えのある長編です。タイムマシーンで、戦時中の1945年との間で交錯する世界を描いた作品。テレビドラマの『テセウスの船』や『JIN－仁－』が好きだった方であれば、きっと、その世界観にハマると思います。

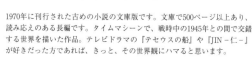

な小説はありますか?」と聞いていました。それで、教えてもらった著者や本を読んだことがなかったときは、とりあえず買って読むようにしていました。

仕事で知り合った人とは、仕事以外の付き合いがなくても、こうした「本のコミュニケーション」ができると、表面的には変化はなくても、心の底では信頼できる関係という絆《きずな》ができたようにも思います。このような相手には同質性はないため、自分では選ばないような本を読む機会を得られるでしょう。読書には偏《かたよ》りがあってもよいとは思いますが、偏りがありすぎても「世界が狭《せま》くなる」おそれもあります。「著者にハマることはないけど、知人から薦められて1冊読んでみた」という読書経験も大切です。

なぜなら、読書の偏りをなくすとともに、世の中には自分が好きなタイプの本だけでなく、さまざまなタイプの本があることを知るきっかけになるからです。

こうしてみると、本選びというのは、好きなアーティストに辿《たど》り着くまでの、楽曲《がっきょく》探しと似ているかもしれません。あるいは、幅広《はばひろ》く流行《はや》っているものを観《み》ていく方法もあれば、自分が傾倒《けいとう》する監督をみつけてその過去の作品を楽しむことも可能な、映画鑑賞とも似ているかもしれません。

『夏の庭』

湯本香樹実（ゆもと かずみ）、新潮文庫、1994年

「夏休みの読書」のようなラインナップで取り上げられることが多い本ですが、派手な本ではないので、知らない方も多いかもしれません。ごく平凡な夏休みを過ごす小学生の話のように展開する部分と、そうでない部分があります。子どものころの記憶と重なり、映像に残る本です。

9 買ったら、少しだけでもすぐ読む

本を買ったら、家に帰ってから読むよりも、まずは近くのカフェなどに入って読むのがよいと思います。**「読みたい」と思って買った本に対する「熱い気持ち」が冷める前に、すぐに読み始めてしまいましょう。**

わたしには、よく行く書店がいろいろな地域に数多くあるのですが、「○○書店に行ったときは、ここのカフェに行こう」という書店に近いカフェのリストが頭に入っています。

また、出張や旅行などで知らない地域に行ったときには、たとえ細切《こまぎ》れの時間であっても、必ず書店に行きます。書店に行ったら、せっかくのご縁《えん》ですので、気に入った本を必ず1冊は買います。その地域に訪《おとず》れた記念と思い出になるからです。

出張の場合であれば、新幹線の駅構内《えきこうない》にある書店などに立ち寄ることも多いですが、比較的よく行く大阪出張の場合には、行きつけ（といっても、年に一度くらいですが）の書店がいくつかあって、少しの時間でも立ち寄って何かの本を必ず買います。

その後に近くのカフェで読むこともありますし、時間がないときは帰りの新幹線で読みます。

一方、旅行で訪れた地域では、書店を複数みつけてどんどん行きます。そして、もともと旅行で持参する本は7、8冊なのですが、それでも書店で新たに本を購入《こうにゅう》して、近くのカフェですぐに読み始めます。

いつも自分がいる日常の場所とは違う地域に行ったという〝非日常の経験〟は記憶に残りやすくなります。わたしの場合は特に、こうして本の記憶もそこに添《そ》えられることが多いのです。

情景《じょうけい》や体験を伴う読書は、記憶にも思い出にも残りやすいです。ぜひ、あなたも旅の読書を楽しんでみてください。ここでいう旅は、遠くに出かけなくても、普段は行かないような近くの駅に行ったときでもよいと思います。ルーティンではない場所に本の記憶が添えられると、情景や体験の色どりが増すのです。

10 複数の目的をもって読む

☑ 本を読む目的を自覚《じかく》する

前節で紹介したような旅の記憶に残る読書をすると、出張であれ、旅行であれその旅程《りょてい》の1つとなり、思い出になります。本との出合いが自分の住んでいない場所で生まれ、旅情もさらに生まれるかもしれません。

どの出張にも、どの旅行にも、わたしの場合は本をいつも持参して読んでいるので、「あそこに行ったときには、あの本を読んだよな」という想い出を伴《ともな》っています。

もう7、8年以上前だと思いますが、岡山の弁護士会から依頼があり、専門の税務訴訟について数百人の弁護士に講演をしたことがありました。そのためだけに、岡山に一人で行きました。

往復の移動時間と、現地での滞在時間がたくさんあったので、そのときにハマっていた伊坂幸太郎《いさかこうたろう》の分厚《ぶあつ》い小説を1冊読み終えることができました。

講演はせいぜい2時間程度です。日帰りでしたが、わたしのなかでは、ひたすら小説を読んでいた1日となりました。

「自由で気ままな読書」が一番ですが、**ふだん読む本には、少し漠然《ばくぜん》としたものでもいいので「目的」を自覚しておくとよい**と思います。

単純に「この作家の小説が話題になっているから読んでみよう」というときは、その好奇心だけが原動力でしょう。それでも、そこには情報もあるわけです。

○○というはじめて読む作家が、「どのような文章で、どのような小説を書くのかを知る」という知識も得られることになります。物語が純粋《じゅんすい》に面白ければ、それで万々歳《ばんばんざい》ですが、それほどでもなかったときには、その作家の本は今後読むことはなくなるかもしれません。

しかし、「つまらない本を書く作家だった」というよりも、「こんな話で、こんな文体の小説家だった」ということを覚えておけば、1つの「情報＝知識」になります。

本は時期を選ぶこともあるため、少し時間を置いてから読めば、じつはものすごく面白い本だったということもあります。その意味でも、最初に読んだときはつまらないと思った本でも、何かのフック（思い出すことができるようにする痕跡《こんせき》）を残しておいたほうがよいと思います。

小説ではない本の場合には、特にタイトルなどにその本の目的（対象や狙《ねら》い）が明記《めいき》されていることが多いです。例えば、仕事のスキルを上げるためであるとか、新しい言葉を知るためであるとか、さまざまな目的があるでしょう。そのときは、単に「○○を勉強しよう」という表面的な目的だけでなく、それ（○○）についての考え方を知ることや、背景にある歴史を知ることも、目的に入れることができると思います。

また、ビジネス書や一般教養書などでは、引用《いんよう》などして別の本を紹介していることが多いため、ほかの本を知る―次の読むべき本を知る、という「本の情報」も得られるでしょう。本にはさまざまな効能《こうのう》があります。**読むときの目的も1つではなく、複数考えるよう**にすると、より読書が有意義になるはずです。

☑ 本から得られる効用《こうよう》

読書の目的として知識を少し強調しましたが、ほかにも単純に「泣く」「笑う」といった感情に働きかける物語などを読んだときには、ふだん仕事に忙殺《ぼうさつ》されて動かなくなっていた感情を動かすことができます。そういった目的をもつのもよいと思います。

泣ける小説がよい物語かというと、わたしはそうは思いませんが、笑える小説というのはないようで、じつはあります。東野圭吾《ひがしのけいご》の笑小説シリーズ（○笑小説シリーズ）などですが、数々のミステリー小説を世に送り出す国民的作家の東野圭吾が「笑い」にこだわって執筆していて、とても面白いです。同シリーズには『**毒笑《どくしょう》小説**』（集英社文庫）、『**黒《こく》笑《しょう》小説**』（集英社文庫）、『**歪笑《わいしょう》小説**』（集英社文庫）、『**怪笑《かいしょう》小説**』（集英社文庫）があります。わたしが読んだ似たタイプの笑える本としては、**倉知淳《くらちじゅん》**の『**作家の人たち**』（幻冬舎）もあります。笑いが止まらなくなる短編集でした。

タイプは違いますが、人生論を学びながら、漫画を読むような感覚で「笑える物語」もあります。ガネーシャという関西弁の不思議なゾウの神様と作品ごとの主人公とが対峙する、**水野敬也《みずのけいや》**の『**夢をかなえるゾウ**』シリーズ（1～3までは飛鳥新社から発売されています）です。ベストセラーになったため、単行本の後に文庫版も出ています。わたしは、どの作品もオリジナルの単行本が刊行された当時に読みましたが、面白かったので文庫化されたときにも3作品とも再度購入《こうにゅう》して読みました。

本から得られる効用を「28の宝」として紹介した『弁護士が書いた究極の読書術』（法学書院）という本を、わたしは10年以上前（２００８年）に刊行しているのですが、その**本から得られる効用は大きく分けると、「知識」と「考え方」の2つ**だと考えています。

それらを、あなたが本を読みながら発掘《はっくつ》していくのです。宝探しみたいに――。

『作家の人たち』
倉知淳（くらち じゅん）、幻冬舎、2019年

発売されてすぐに買って、読みました。でも、著者を知りませんでした（申し訳ありません）。ほかの作品も読んでいません（ごめんなさい）。作家の日常を自虐的（じぎゃくてき）に描いた小説は、とても面白いです。人の心にある暗部が見え隠れし、それが正面から描写されハマりました。

おススメの教養書

『絵とは何か (新装版)』
坂崎乙郎（さかざき おつろう）、河出文庫、2012年

1976年に刊行された作品の文庫版です。絵画論（かいがろん）ですが、ですます調の文章はとても読みやすく、しかし、とても深いです。ゴッホやセザンヌなどの有名な画家や、三島由紀夫や小林秀雄などの作家の書も、ひも解きながら展開される「読まなければならない」絵の本質がみえてきます。

『読書術』
加藤周一（かとう しゅういち）、岩波現代文庫、2000年

1962年刊行の古典的名著の文庫版です。手当たり次第に読んできた乱読の著者の「どう読むか」（精読術、速読術、読書術、解読術、看破術、読破術）は現代風ですが、内容は硬派。「どんな本を読むかは女性の好みと同じだ」というまえがきが、個人的には好きです。

『言葉の海へ』
高田宏（たかだ ひろし）、新潮文庫、1984年

1978年に刊行された作品の文庫版です。独特の文体で、古めの本で漢字も多めで史実の叙述（じょじゅつ）が淡々と展開される場面があるにもかかわらず、心に染み入ってきます。『言海（げんかい）』とは日本初の近代国語辞典。17年を費やして完成させた大槻文彦（おおつき ふみひこ）の魂に触れ、明治時代を追体験できます。

『日本を決定した百年 附・思出す侭』
吉田茂（よしだ しげる）、中公文庫、1999年

1967年に発表された論文の文庫版ですが、当時の日本の100年（明治100年）を振り返った随筆です。戦後の総理大臣による詳細な筆致から、歴史書を読むのとは違った角度から日本の輪郭がみえます。「近代化で幸運に恵まれたのは、日本人の優れた勘である」と説く吉田流日本（人）論です。

第5章

読書を楽しむ工夫、読書に飽《あ》きない工夫

1

心にピンとくるワンフレーズを探しながら読む

☑ 鶴ちゃんの本を購入《こうにゅう》した理由

モノマネ芸人、プロボクサー、俳優、画家、書家《しょか》、ヨギ（ヨガをする人）と、いろいろな顔をもつ60代の著名人の自伝《じでん》があります。前の第4章でも言及《げんきゅう》した片岡鶴太郎《かたおかつるたろう》の『50代から本気で遊べば人生は愉《たの》しくなる』（SB新書）です。

わたしにとって鶴《つる》ちゃん（片岡鶴太郎）はテレビで子どものころからみてきた有名人なので、特にファンだったわけではありませんが、面白く読めました。ちなみに、わたしはまだ45歳ですが、50代向けの本も普通に読みます。30代のころには、40代向けの本も読んでいました。逆に、「20代向けの本」と帯《おび》などに書かれた本でも読みます。

特に遊びたいと思っていたわけでもなく、鶴ちゃんに興味があったわけでもなく、それにもかかわらず、この新書を購入したのは、「ほんの少しの習慣で『定年後』を謳歌《おうか》する！」というフレーズが帯に書かれていたからです。

わたしの定年も、大学教員としては、まだ20年以上先なので、自分にはあまり関係がありません。単純に、団塊世代《だんかいせだい》が定年退職《ていねんたいしょく》し続ける世の中において、定年を迎《むか》える世代はどんな問題に直面し、どんな考えや気分になるのかに興味があったのです。

実際に読んでみると、そのようなタイプの本ではありませんでした。しかし、鶴ちゃんの人生がまざまざと語られていて、スラスラと読めてしまいました。「良い意味で、期待を裏切られた本」といったらよいでしょうか。

☑「偶然《ぐうぜん》の産物《さんぶつ》」だから面白い

この本は、そういう意味では、自分が読みたかったものとは全然違う内容の本だったのですが、読んでみたら「とても素敵な言葉」にめぐり合うことができました。

それは、「調子がよくてイケイケのときほど、そういうものに目がいかないものです」という、鶴ちゃんが絵を描くきっかけになった「赤い椿《つばき》の花」の話でした。

詳細は同書を読んでいただければと思いますが、もともとそこに咲いていた花なのに、30代後半ですべてをなくした孤独感、無力感、焦燥感《しょうそうかん》があって、はじめてその「赤い椿の花」の存在に、あるとき気づいたというのです。そして、それがきっかけで、絵を描くようになったというのですね。素敵な言葉だな、と思いました。

それは、ひと言でいえば「人生の転換期ですね」という、誰もが知っている言葉でくくることもできてしまうものですが、同書ではそういう書き方はしていません。具体的に経験した事実が、つまりディテールが淡々《たんたん》と綴《つづ》られているのです。

他方で、同書には「早朝に気づいた椿の存在で、道が開けた」とか、「自分の魂《たましい》が歓喜《かんき》する〝シード（種）〟は、自分の中に必ずあって、自分にしか気づくことはできません」というメッセージもありました。その存在に気づいたら、自分でその種に水をやり、声をかけて、育ててくださいという言葉で、締《し》めくくられているのです。

わたしは、30代の10年間を弁護士として働き、その後、40代では大学教員に転身して、いまに至ります。ただ、子どものころになりたかった漫画家の夢が、いつも心のどこかにあります。もう絵は描けませんが、中学校時代にあきらめた職業への想いが、これからの人生でどこにつながっていくのだろうと考えることがあるのです。あなたにも何かに対する想いが、心の中にあるかもしれません。

ここで紹介した例のように、本を読んでいると、素敵な言葉にめぐり合うことがあります。それは、求めてめぐり合うというよりも「**偶然の産物**」です。

偶然の産物だからこそ、本を読むことは面白いと思うのです。

2

未知《みち》の分野を学びたいときの工夫

☑ 基本概念か？　新しい概念か？

世の中は刻々《こくこく》と動いています。そのため、あなたが学生であれば、いま学校で学んでいることのなかには、あなたのお父さんやお母さんの学生時代にはなかった概念、つまり彼らのような上の世代の大人たちがまったく学んでいない概念もあります。

そうすると、学生にとっては、日々の講義や授業で見聞きする言葉が、最近生まれた新しい概念の言葉であるのか、あるいは古くから存在する基本概念の言葉かどうかを意識する必要があります。

例えば、資本主義や社会主義などは、どの世代でも学んできた基本概念です。これに対して、ベーシック・インカム、サブスクリプション、ＳＤＧｓ《エスディージーズ》などは新しい概念で、いまの学生だからこそ、講義や授業でよく見聞きし、少し前にはなかった言葉なのです。この点を意識しておくと、上の世代の大人たちとの会話にもギャップが生じずに済みます。

逆に、社会人にとっては、学生時代に学んだことしか、いまの学生が勉強していないと思ってしまいがちです。しかし、時代はどんどん進んでいることを知る必要があります。わたしは幸《さいわ》い、大学教員なので若い世代と日々接していますし、小学生の子どももいます。そのため、いまの大学生がどんな言葉を使うのかはもちろん、いまの小学生が習っていることもみています。

それらは、わたしが大学生のころや小学生のころに習ったことや使っていた言葉とは、すっかり変わっています。例えば、わたしの世代は、江戸時代のキリスト教弾圧の幕府の政策を「踏《ふ》み絵《え》」と習ったのですが、いまの小学生は「絵《え》踏《ふ》み」と習っています。また、鎌倉幕府の成立が「１１９２年（いい国）」ではなく、１１８５年に変わっています。

社会人は、仕事ではそのビジネスに関係する分野の情報にしか触れないので、別の分野の新しく更新された情報を学び続けるためには、読書をして学び続ける必要があります。その意味で、「自由気ままに楽しむ読書」の習慣を身につけたら、今度は楽しむだけでなく、新しいことを学んでいく読書も取り入れていくのがよいと思います。

例えば、この本を執筆しているのは２０１９年末なのですが、書店に行ってみたら、面白そうな本には新しい概念を含《ふく》むものが多いと感じました。ＭＭＴ（現代貨幣理論）、ベーシック・インカム、サブスクリプション、ＳＤＧｓ、ＬＧＢＴ《エルジービーティー》、キャッシュレス決済、ハラスメントなどが一例です。これらの言葉は、あなたが日常でよく見聞きすることもあるはずです。

他方で、過去に知り得た漠然《ばくぜん》とした知識をもつだけで、あるいはまったく概念の存在にすら気づかずに、通り過ぎてしまっているものもあるのではないでしょうか。

本を読むことで、こうした概念をゼロから学ぶことができます。こうした**未知の分野を学ぶには、ネット情報よりも、深く学べる読書が有効です**。未知の分野を学びたいときには、書店に行ってその概念がタイトルに入っているコーナーを探してみましょう。その周りには、類書がたくさん置かれているはずです。そのなかで読みやすそうな本をまずは手に取って読んでみるとよいでしょう。

☑ 定番書を5冊以上買って一気に読み込む

しかし、その手に取った読みやすそうな本は、超入門的なものでも亜流《ありゅう》の可能性があります。Amazonのサイトで検索すると、おそらく売れ筋ランキングの順位が高いものや、評価の星の数が多いものがあると思います。それが「鉄板《てっぱん》（王道の基本書）」というか、原著《げんちょ》である可能性が高いのですが、そうした原著をしっかり読むのが望ましいです。

いきなり原著を読むのは難しいかもしれませんので、新書や、わかりやすい解説書も含めて、定番の本を探して5冊は購入《こうにゅう》して読むことをおススメします。

そうした定番書をある程度集中して一気に読めば、あっという間にその概念の専門的な知識が頭に入ってくるでしょう。そのとき、きっとあなたは、読書の習慣を身につけた自分を、心の底からほめてやりたくなるかもしれません。

本は、最後の最後は、やはり「学び」のためにあるのです。本を読む人が得ることができる最も大きな武器はといえば、**「最新の知識」**あるいは**「専門の知識」**といえるでしょう。

高額な料金を支払ってセミナーや講義や授業を受けなくても、書籍代を払うだけで、（きちんと読めば）専門の知識が手に入るのです。そう考えると、「本を読める」、もうそれだけで強力な武器であり、資産であるといえるでしょう。

3 同時並行《どうじへいこう》で複数冊を併読《へいどく》するための工夫

☑ 読了《どくりょう》できなくても気にしない

「本を読んでも、途中で挫折《ざせつ》してしまうんですよね」という人もいるかもしれません。

そもそも、〝本を読むこと〟と〝読了すること〟はイコールではありません。つまり、本は必ずしも最後まで読まなくてもいいのです。

新しい概念を紹介した本であれば、最初の1章くらいを読めば、全体像《ぜんたいぞう》を知ることができます。他の部分は細かな各論にすぎず、本としての字数を稼《かせ》いでいる場合もあります。

あなたが専門家でないのであれば、まえがき（はしがき、はじめに）や第1章の全体像を読むだけでも、十分な新しい知識と情報を得たといえます。それ以上に読めるか読めないかは、その本があなたにどれだけ必要か、どれだけ面白いか、などの事情によります。

わたしは読みかけの本が、たぶん５００冊以上は普通にあります。自宅の自分がよく座るソファの近くのテーブルに、常時《じょうじ》50冊以上の読みかけの本を積んでいます。それは、いわゆる「積《つ》ん読《どく》」とかではなく、実際にいま同時並行して読んでいる本です。なお、残り（450冊程度）は書斎の床に地層のように積んで、すでに読み終えた膨大《ぼうだい》な量の本の中に埋《う》もれて、そのままになっています。

読みたい本から順に読んで、途中で読むのをやめても別に気にしません。また、どんなに夢中に没頭《ぼっとう》している本があっても、どんどん別の本を常に購入しています。

そもそも読書とは、そういうものだと考えてみてください。

そうしたら、自分に合わなくて読めないとか、そんなことはどうでもよいことで、読めない本は、いまのあなたには必要がなかったか、縁《えん》がなかったか、つまらなかったかのどれかであると思えるようになるはずです。

☑ 1冊読み終える前に次の本を買う

その意味で、**1冊を読み終える前に、次の本を買うことは、むしろ習慣にしてしまったほうがよい**でしょう。

なぜかといえば、いま読んでいる本がどんなに面白かったとしても、その本を読み終えるまでほかの本を買わないでいると、結果的にその本を読み終えてから、次の本を読み始めるまでにタイムラグができてしまうからです。

もちろん、1冊を読み終えた後に、すぐにまた没頭できる本に出合えるならよいかもしれません。しかし、それを365日、あるいは1年、2年、3年……5年、10年……と続けることは難しいでしょう。そうすると、1冊を読み終えるまで次の本を買わない読書は、端的にいえば「続かない読書」ということになります。それはそれでよいかもしれませんが、**読書の習慣をしっかり身につけるためには、読了前に次の本も買い求めて併読していくのがよい**と、わたしは考えています。

わたし自身も、読書の習慣が確立した30代になるまでは、つまり司法修習時代以前（司法試験の受験勉強をしていたころは読書ができなかったので、大学時代以前）は、1冊読み終わってから次の本に行くという読書だったので、読むときは読むものの、読まないときはまったく読まないという感じで、読書が習慣にはならなかったのです。でも当時は、読書とは、そういうものだと思っていました。つまり、本は読み始めたら、最後まで読まなければいけないと思い込んでいたのです。

その発想から解放されると、読書は自由になり、結果的に「続く読書」になりました。続く読書をする人には、新しい情報が入りやすくなるため、「1冊を必ず読み終える読書」（義務感にかられた読書）をする人よりも、多くの情報、そして多くの知識を手にすることができるようになります。

4 「本のリレー」と「世界観の拡張」

☑いま読んでいる本の中で引用《いんよう》されている本をすぐに買う

「本のリレー」とわたしは読んでいるのですが、本を1冊読んでいると、その本の中で引用される、あるいは紹介される別の本があります。

本書は読書術がテーマなので、とりわけ多くの本を引用したり、紹介したりしています。しかし、読書に関係のない本でも、その本の分野において必読の本が紹介されることは、ごく普通にあります。教養ある著者の一般書であれば、古典から現代のものまで幅広《はばひろ》く、いろいろな本が引用されるものです。

もちろん、あえて本を引用しないことで、オリジナリティを出す著者もいます。わたしが読む著者でいえば、すでに紹介した森博嗣は、オリジナルの文体をもっており、それをかたくなに貫《つらぬ》いています。どんな分野でも、どの出版社でも、森博嗣の本は雰囲気が似ているのですが、もう1つの特徴としては、ほかの本を一切引用しないことです。

これに対して、齋藤孝教授の本は、1冊読むだけでも、数十冊の本が紹介・引用されることは普通にあります。わたしはそういう紹介された本が出てきて興味をもったら、その瞬間に本を読みながらですが、Amazonのサイトで検索してその本を買ってしまいます。

特に、古典的なものであれば、古くから読み継がれている少し難しそうな本であっても、そのエピソードや意味を同教授の本で読んでから原典《げんてん》に当たることになるため、とても入りやすくなる（理解しやすくなる）という利点《りてん》があります。これは、「**知《ち》の連関《れんかん》**」ともいえるでしょう。

☑ 読書意欲がぐんぐんアップする小説の読み方

また、小説でも、村上春樹の本を読んでいると、主人公がよく読書をしているシーンが書かれているのですが、そこで世界の文学などがよく出てきます。このように本の主人公や登場人物が読んでいる本だと思うと、興味が俄然《がぜん》わいてきます。

タイトルは聞いたことがあったけれど読んだことはなかった——、そんな世界文学全集に名を連ねる難しそうな小説でも、自分が読んでいる小説の登場人物がそれを読んで何かを語っていると、あるいは語ってはいなかったとしても、読んでいるという行為を想像するだけで、興味をもってしまうことがあるでしょう。

こうして小説に出てきた別の本を読んでみると、なにか本と本がつながるというか、「**不思議な世界観の拡張**」が起きてくるように思います。

本を書く人は、本を読むことが好きな人が多いです。その本を書いた人が、その本の中に登場させた本には、どこかでつながる世界観があるということです。

ぜひ、「本のリレー」をあなたも体験してみてください。その不思議な広がりの中に身を捧げると、本は「無限のリレー」を始めます。あなたは知らず知らずのうちに、本のうねりの中に身を投じることになるでしょう。そうなれば、今度は「**一生のうちに読める本には、じつは限りがある**」という現実にも、気づくことになると思います。

☑ 小説で登場する名曲を聴きながら物語を読む

少しマニアックな本の読み方になるかもしれませんが、小説で音楽が引用されている場合がよくあります。

音楽そのものは、文章で構成されていませんので、本という媒体《ばいたい》にはそのまま文字化することができません。歌詞のある音楽を引用しようと歌詞を掲載すると、ＪＡＳＲＡＣ《ジャスラック》（一般社団法人日本音楽著作権協会）から利用許諾を得る必要がある（使用料がかかる）ため、小説のほとんどは現代の楽曲の歌詞を引用していません。

しかし、クラシックやジャズなどの名曲が小説の中で流れていたり、著名な音楽家の名前が登場したりすることはあります。ちょっと、しつこいくらい繰り返し挙げてしまいますが、村上春樹の小説にはじつに多くのこうした音楽が登場します。

わたしはもともと、クラシックやジャズについてあまり詳《くわ》しくなかったのですが、村上春樹の小説に登場する楽曲をＣＤで購入《こうにゅう》して聴いてきました。これも、その小説の世界観を、読書の外で体感できる方法といえるでしょう。

本の中に登場する本を読むのと同じように、本の中に登場する音楽を聴いてみると、その物語の世界観はどんどん奥深く感じられるようになります。

5

自分とは少し違う世代を対象にした本をあえて読む

自分とは違う世代を読者対象にした本を読んではいけない、ということはまったくありません。例えば、幼いころに誰もが目にしたと思われる、幼児向けの絵本であっても、大人になってから読んでみると、懐かしいだけでなく、別の観点に気づいたりするものです。また、小学生向けの児童文学も、大人になってから読むと、別の世界観がそこにみえてくるかもしれません。

なぜなら、そのような物語の主人公はほとんどが子どものため、子どものころは主人公と同じ視点で物語を読んでいたのが、大人になって読み直してみると、そこに登場する主人公の親など大人の目線で物事《ものごと》をみるようになるからです。同時に、大人には子どもの時代もあったわけで、大人と子どもの両方の立場を理解できるので、物語が立体的にみえてくるのです。

こうした点を応用すると、本章の冒頭でも紹介した、定年が近づいた世代でもないのに、わたしが定年近い世代向けの本（片岡鶴太郎の『50代から本気で遊べば人生は愉《たの》しくなる』）を読んでみたように、あなたも、自分の世代よりも1つ上の世代向けの本を読んでみると、違う世界がみえるようになります。

特に、20代の人が30代向けの本を読むことは、自分の10年後を先取りすることができるでしょう。30代の人が40代向けの本を読む場合も同様です。

こうして、自分とは異《こと》なる世代に向けられた本も読むようになると、同世代の考え方とは違う考え方などを発見することができ、読書の楽しみはどんどん増えていくと思います。

つまり、「**読んではいけない本はない**」ということです。

そして、「**本には遅いも早いもない**」と思います。興味をもったタイミングで読めばよいのです。そこに変なプライドや年齢や職業や性別などを理由とした「心理的な壁《かべ》」を築《きず》いて本をブロックしてしまうのは、とても勿体《もったい》ないことですね。

6 タイムスリップしながら古い本を読む

いまは、Amazonなどでは古本も入手《にゅうしゅ》できる時代です。わたしは、興味をもった著者がいると、その**著者のデビュー作を入手して読む**ようにしています。その多くは小説の作家の場合ですが、ビジネス書の著者にも、当然ながらデビュー作があります。発見できたら、読んでみると面白いと思います。

「デビュー作には、その作家のすべてが詰《つ》まっている」とよくいわれます。とにかく文章がクセになる村上春樹は、「完璧《かんぺき》な文章などといったものは存在しない。」という一文から始まるデビュー作『風の歌を聴け』（講談社文庫）を書いています。ほかにも、東京都知事もされていた**石原慎《いしはらしん》太郎《たろう》**のデビュー作**『太陽の季節』**（新潮文庫）などもかなり衝撃的な内容です。いま販売されている文庫は1957年刊行の古い作品ですが、読んでみると、とても面白いと思います。

第3章では、本には奥付《おくづけ》があり、そこに記載されている刊行年や著者の年齢を計算しな

『太陽の季節』

石原慎太郎（いしはら しんたろう）、新潮文庫、1957年

長い期間、東京都知事をつとめ、圧倒的な支持率を得ていた作家のデビュー作。古い作品ですが、後に政治家として世に出る人物が若いころに描いた小説を読むことは、貴重な体験になります。政治家ではない若者が描いた当時の小説世界に、没頭してみてはいかがでしょうか？

がら読むとよいと述べました（195ページ参照）が、数十年前に書かれた本は、その当時に**タイムスリップしたような感覚で読むことができる**と思います。

これは、小説だけではありません。本書は一般向けの本なので、法律書については言及《げんきゅう》を避けてきましたが、わたしは職業柄《しょくぎょうがら》、法律書についてもAmazonで探して、絶版の古書をたまに買っては読んでいます。戦前に発売された本や、明治時代、大正時代の本などもあります（古いため、茶色でカピカピですが）。その時代の本は、いまの常用漢字ではなく、漢文みたいな画数《かくすう》の多い漢字だらけなのですが、何度も目で追っているとだんだん読めるようになるから不思議です。そうした古書の奥付をみると、本の値段が1円だったり、円より下の銭《せん》が出てきたり、出版社の住所が東京都ではなく東京市だったりします。

さらに、昔の本には著者の住所が普通に記載されていて、ギョっとすることもあります（昔は、いまほど個人情報保護について意識されていなかったのです）。このような感じで、驚きや発見もたくさんあります。

スマホで何でもできるように思える時代ですが、こうしたタイムスリップの感覚は、その時代に刊行された本の現物を開いて手で触ってみて実感できます。このあたりは、読書好きのわたしが到達してしまったマニアックな部分かもしれません。

7

面白い本に出合ったら同じ著者の「処女作《しょじょさく》」を読む

前節でも少し言及しましたが、いわゆる「処女作」ともいわれるデビュー作を読んでみるのも、面白いでしょう。最初の1冊に込められた作家や著者の想いを感じ取ることができます。

わたしはこれまで、興味をもった著者の処女作は、流通していれば必ず購入《こうにゅう》し、また絶版の場合でも古本を入手して読んできました。そうした本にあふれるエネルギーは、ものすごいものでした。**松本清張《まつもとせいちょう》**の『**或《あ》る「小倉日記《こくらにっき》」伝《でん》**』（角川文庫）などは何度読んでも、これが初期の芥川《あくたがわ》賞受賞作かと思えるくらい完成度が高く、細かなリサーチが行き届いていて驚愕します。デビュー作の『**西郷札《さいごうさつ》**』（新潮文庫）も、オリジナリティが高いです。

小説だけでなく、ビジネス書の著者でも最初の1冊を探して読んでみると、面白いと思います。作家と違って、ビジネス書の著者はデビュー作がそもそもわかりにくいことが多いのですが、多作《たさく》の著者の場合、その著者が本の中でデビュー作に言及していることがあ

『或る「小倉日記」伝（改版四版）』
松本清張（まつもと せいちょう）、KADOKAWA／角川文庫、1994年

小倉の松本清張記念館を訪れたときに、同館で購入したのがこの文庫です。過去に何度も読んでいたのですが、この地で再読しました。清張といえば推理小説のイメージかもしれませんが、この本は史実も踏まえた本格的な文学作品です。発想と物語の構成の卓抜さに圧倒される短編です。

ります。そういう情報に出合ったら、Amazonのサイトで検索して購入してみるのもよいでしょう。

そうした処女作は、著者の年齢計算も忘れずに確認して読みましょう。わたし自身、現在45歳なのですが、処女作は27歳のときに執筆しました（絶版になっていますが、中古では入手できるかもしれません）。読み返すことはほとんどないのですが、実家に帰ったときに、司法試験合格後に書いた合格体験記を発見して、読んでみたことがあります。

「読むに値しない、若いときの恥ずかしい文章だろうなあ」と思い、恐る恐る読んでみました。ところが、意外なことに、なかなか洗練《せんれん》された文章でした。しかも、その文章は、いまのわたしが目指しているような文体だったので、逆に驚いてしまいました。

「活字になる」という言葉はもはや死語《しご》ですが、活字として世に広まることの緊張感から、短い文章なのにおそらく相当に推敲して、そのときに自分の頭の中にあったものを振り絞って書いたのでしょう。結局、18年も前の自分が書いた文章を読むと、**いまと本質は変わっていない**ことがわかります。

最後にわたしの本の話になってしまいましたが、本とは結局、その著者の「**思考の跡《あと》**」が綴《つづ》られたものです。そこから知識や考え方を得ることが、読者の特権として与えられています。それを、どの順番で、どのように読むかの自由も読者に与えられています。

本は、どんどん**自分の読みたいように読めばいい**のです。そうした論調で語ってきた本書ですが、あなたも読書の習慣を身につけたら、最終的には古典的名著と呼ばれる本や、現代でも優《すぐ》れた著者が書いたハードカバーの数百ページにわたる大著《たいちょ》などもありますから、そういう本にも、ぜひトライしてください。

「自由で気ままに楽しむ読書」を続けていれば、本を読むことは当たり前のことになり、本に対する嗅覚《きゅうかく》が鋭くなります。本選びの際にも、経験からさまざまな直感が働きやすくなります。そうなると、最初のうちは失敗した本に遭遇《そうぐう》することがあっても、だんだんと確実性の高い本を選べるようになるでしょう。

また、そうした読書の習慣を数年、5年、10年、それ以上続けていけば、ありきたりの本には飽きてしまいますから、自分に合う優れた作家の本を繰り返し読むようになるかもしれません。そうした安定感のある読書を繰り返しながら、新しい著者やジャンルにも挑戦する意欲が出てくるでしょう。さらには、小中高のころに学校の教科書に出てきて、名前と本のタイトルだけ暗記したような古典を実際に読んでみたくもなるでしょう。

そうしたら、しめたものです。学生時代に強制された読書とは異なり、今後はあなたの意思で、自分の意志で、本を選び、その本を読むのです。

① 法学などの専門領域の読書について

少しだけ補遺を書いておきます。本書をここまで読まれて、もしかしたら、少しモヤモヤした感覚が生じたかもしれませんので、「その疑問」に答える形です。ただし、本編には不要と考えて、あえて記述しなかったことですので、極めて短く述べますね。

著者であるわたしは弁護士で、現在は税法を研究する大学教授であることから、「専門的な論文の読み方も知りたかった」と思われた人もいるかもしれません。あるいは、法学を学ぶ学生、法務や税務に携わる仕事をされている人は、「条文《じょうぶん》や判例《はんれい》（裁判所の判決）などの難しい文章の読み方についても知りたい」と思われたかもしれません。

本書は、そのような「業務として専門的見地《けんち》から読む技術」ではなく、「**日常的に誰でも楽しむことができる読書**」をテーマにしているため、これらについてはあえて触れませんでした。

ただ、わたしは大学教員になってからも年間90冊以上は本を読んでいますが、それとは別に研究対象の論文については常時《じょうじ》かなりの量を読んでいます。判例もデータベースを使いながら大量に読んでいます。これらは仕事であり読書ではありませんが、読書の習慣がこうした難解かつ量の多い文章を日常的に読む力をもたらしてくれたことは間違いありません。つまり、読書には、そうした効用《こうよう》があるということです。

また、わたしが専門にしている税法について独学《どくがく》で学んだことからいえることがあるとすれば、読者のあなたが大学などの学校で学んでいなくとも、読書の習慣を身につけ、読む技術を手にすれば、徐々《じょじょ》に専門的な本を読み、専門的な学術書も読み……というように、ステップアップしていくことで、専門的な論文を普通に読めるようになる可能性も十分にあります。

なお、宣伝するつもりではありませんが、法学や税法についての専門的な読む力について知りたい場合は、エッセイとして書いた『**税法読書術**』（大蔵財務協会）の中で少し紹介しているので、そちらを読んでみてください。

② 電子書籍について

わたし自身が、紙の書籍に慣れ親しんで「読書の習慣」を築いてきました。読書習慣が形成された当時に、電子書籍が存在していなかった（普及していなかった）こともあり、また、書店に足を運ぶのが好きなこともあり、現在でも紙の書籍での読書をしています。

ただ、本の検索や購入《こうにゅう》をする際には、Amazonを早い時期から利用してきました。

『税法読書術』

木山泰嗣（きやま ひろつぐ）、大蔵財務協会、2019年

2019年２月から５月に書いた原稿をまとめたエッセイです。本書とは少し異なる「である調」の筆致で、わたしの日常を述べながら読書経験を綴っています。あまり知られていない本だと思いますが、本書（読書術）の続きとして読んでいただけると嬉しいです。

紙の書籍で読むべきか、電子書籍も併用すべきかについては、好みと用途の問題ではないでしょうか。わたしの場合は、本編《ほんぺん》で述べてきたように、本に付箋を貼ったりマーカーを塗ったりしながら読みます。また、データで読むと、どうしても仕事の感覚を連想してしまいます。そのため、紙の書籍を愛用しています。

なお、この原稿執筆後に、無料で読める電子書籍を利用してみました。感想としては、「本として集中することはできない（読書という感覚がもてない）」がわたしの結論です。同じ小説でも、単行本と文庫とでは全然違うものに感じるものですが、電子書籍は用語検索ができたり、文字を大きくできたりする機能に、紙の本と異なる利点《りてん》があるものの、読書を楽しむ媒体《ばいたい》には感じられませんでした。

本の全体量を紙の厚みで物理的に把握し、その重みを手で感じながら制覇《せいは》していくという感覚をもてないという電子書籍のデメリットは、アナログ派固有《はこゆう》の主張だといわれるかもしれません。しかし、それ以上にあなたは何冊読んだとか、何時間読んだとか、いちいちAIに指摘されるということがデータ処理のようで、読書の楽しみを奪われるように感じました（あくまで、個人の感想です）。

他方で、dマガジン（NTTドコモの電子雑誌サブスクリプション・サービス）も、この原稿執筆後に登録したのですが、これはとても便利でした。もともと専門誌以外の雑誌を読まなかったわたしが、週刊誌、ファッション誌、スポーツ誌、旅行誌など、幅広《はばひろ》いジャンルで毎週雑誌に目を通すことができるようになりました。

すき間時間でカラー写真つきの最新の情報を瞬時に大量に読める雑誌の電子書籍のサブスクリプションは、極めて便利だと感じました。これは、雑誌が興味のあるところだけを読めばよい構成になっている点、最新の情報に意味がある点、カラー写真はiPadなどのタブレット型端末の液晶画面で拡大もでき、紙の雑誌よりも鮮明にみることができる点など「本」とは違う側面が、電子書籍に適しているからだと思いました。

③ 本の価値について

本編で述べたように、本に書かれていることには、情報と考え方の2つがあります。そのいずれについても、読む人にとって既知《きち》・未知《みち》のいずれかの状態があるはずです。

情報だけを本の価値と思う人が、既知情報が7～8割程度ある本を読むと、「知っていることしか書かれていなかった」「読む価値はない」という感想が出るような気がします。そのようなときには、それでも未知の情報が2～3割はあるということに加えて、そもそも、本の価値には情報だけでなく考え方も含《ふく》まれていることを認識していただくと、新たな発見があるかもしれません（逆も然《しか》りです）。

価値を別の意味で考えると、値段（価格）としての適正の問題もあるかもしれません。文庫や新書であれば1回の食事分の値段でしかないと考えることもできるでしょう。あるいは、ビジネス書などの単行本でも、映画を1回観《み》る程度の値段であるともいえるでしょう。感じる値段の高低は、価値観により変わるため、その評価は人それぞれでしょう。

わたしが今年（２０２０年）の年始早々の夜に観た映画の値段について考えてみると、著名映画シリーズの約20年ぶりの新作だったのですが、チケット代である１９００円（税込み）で壮大《そうだい》な世界観に浸《ひた》ることができました（ポップコーンとコーヒーも買いましたが、映画に払った対価は１９００円です）。良い映画を観ると、映画館から出たときにみえる外の景色がキラキラします。わたしが一人で観ることが多いからかもしれませんが、ここまでの体験を2時間程度でさせてもらえる映画はすごいと思います。

ですから、こうした映画と、一人の著者が文章だけで書いた本とを比較することはできません。しかし、このときに思い出されるのは、２０１７年にノーベル文学賞を受賞したカズオ・イシグロの言葉です。購入したＤＶＤで数回みた著者本人が語る映像の記憶なので正確ではないかもしれませんが、「映画のような映像との違いは、本が人の記憶喚起《きおくかんき》の形態《けいたい》に近い」と語られていました。

映画などの映像メディアは、人物の会話の場面であっても、周囲にある家具や机、食器、グラス、壁《かべ》に貼《は》られたポスターなどの仔細《しさい》もクリアに映《うつ》し出されますよね。しかし、人間が過去の出来事を思い出すときは、そうではありません。そのような鮮明《せんめい》な映像は通常出てくるものではなく、朧気《おぼろげ》ながら一部が出てきて、その輪郭《りんかく》が徐々に鮮明になるのではないでしょうか。こうした人間の記憶喚起に近い手法を採ることができる点に本の特徴があると、カズオ・イシグロは語っていました（『カズオ・イシグロ　文学白熱教室［DVD］』NHKエンタープライズ）。

また、物語・小説ではない本について考えると、文章を使って、あるテーマや概念、技術について詳細な説明がされていますから、その著者が近くにいたとしても教えてもらえないような贅沢《ぜいたく》な時間を味わえるのが魅力であり、価値だと思います。

つまり、その分野の専門家である著者が、一般の人向けに、初歩からわかりやすく丁寧《ていねい》に講義をしてくれるようなものです。映画館で観る映画と違うとすれば、購入した本は何度でも読み返すことが自由にできることでしょう。しかも、書き込みもできます。

さて、こんなところで、「応用編としての補遺《ほい》」は終わりにしたいと思います。この補遺に短く書いたようなことも、1つの本のテーマになるのかもしれません。焦点《しょうてん》の当て方ひとつで、濃厚《のうこう》な作品になり得るのも本の特徴といえるでしょう。

あとがき

あなたは、何かの「壁《かべ》」を感じることはないでしょうか。壁とは比喩《ひゆ》ですが、直接的にいえば、自分の成長が停滞《ていたい》しているように感じることはないでしょうか。

学生であれば、「最近、学校の成績が伸び悩んでいる」ということかもしれません。社会人であれば、「どうにも仕事がうまくいかない」ということかもしれません。学業や仕事とは関係なく、自分自身の恋愛や自己成長などで壁を感じているかもしれません。

もし、そのように感じることが少しでもあれば、そこには成長の種《たね》があるということだと思います。その種に水をやり、しっかりと育てれば、いま感じている「モヤモヤ感」が解消し、過去の自分よりもたくましくなり、充実した毎日が過ごせるようになるでしょう。

その可能性を知るヒントが、じつは本の中にあることが多いのです。その意味で、読書の習慣をすでにもっている人は、その習慣の一部として、あなたにとって新たに必要となる本を探し出すことが重要になるでしょう。10冊、20冊、30冊、あるいは50冊、１００冊と探し求めて読んだ本の中に、「光り輝く1冊」を発見できるかもしれません。

読書の習慣が身につけば、本を読むことは当たり前になるので、あとはジャンルの偏《かたよ》りをなくす自助努力《じじょどりょく》さえすれば、自《おの》ずとその1冊はみつかるはずです。

読書はそもそも自由な楽しみですから、ジャンルが偏るのは自然なことです。その偏りを取り払おうと、他人目線の中立性を装う必要はありません。あくまで、読む本はあなたの自由であり、その本の中にあなたの世界があるからです。

ただ、何か壁を感じるというときは、これまで読むことを避けてきた著者の本を読んでみるとか、これまであまり読まなかったジャンルの本を読んでみるとか、そういった少しの変化（アクション）を読書習慣のなかで起こしてみるとよいと思います。

本を読む習慣のない人は、まずはコツコツと読みやすい本、読みたい本からでよいので、1冊、2冊、3冊と、読む行為を始めてみましょう。

本には、あなたが求める、あらゆる分野のあらゆる知識や知恵が詰《つ》まっています。それとの出合いが読書なのです。よく「もっと早く、この本に出合っていればよかった」「10代のころに読めばよかった」「若いときに読みたかった」という感想があります。しかし、その本を**いまのあなたが「よい」と思ったのであれば、そのいまを大事にすればよい**のではないでしょうか。

例えば、職場での地位が上がったことをきっかけに、部下に対する接し方などについて書かれた本を読んでみようと思って手に取った本の内容が、とても素晴らしかったとします。しかし、あなたはそこで、ある発見をしてしまいます。それは、自分の上司や先輩に対する批判や愚痴《ぐち》につながっていた彼らの行為は、じつは立場を変えてみると、部下に対する思いやりであったと気づいたのです。そして今度は、自分が上司の立場になってみたら、部下の成長を思いやっているのに、そのメッセージがまったく部下に届いていないようだ、誤解されているのではないか、という疑念が生じたとします。

そのときに、あなたは、自分がもっと若いときに上司の気持ちを理解するためにも、この本を読んでおけばよかったと思うかもしれません。場合によっては、それを直属の部下全員に読ませたいと思うかもしれません。

しかし、あなたがそのように思う前から、つまり、あなたが部下であったときから、その本は存在していたのです。あるいは、その本そのものは存在していなかったとしても、そのベースとなる考え方は決して世紀の大発見ではないでしょうから、やはり同じような考え方を示した本は、すでに存在していたのです。それに出合っていなかったというだけなのです。また、そもそも、そのような本を上司から「読んでみて」と薦《すす》められた部下は、どのように思うでしょうか。

これらは、1つの例であり比喩です。上司、部下という言葉が適切でなければ、先輩、後輩でもよいですし、親と子に置き換えてもよいでしょう。あるいは、教育に携わる人であれば（あるいは学生であれば）、先生と学生に置き換えてもよいでしょう。

このように視野を広げてイマジネーションを豊《ゆた》かにして考えてみると、そもそも、先輩からは「これを読みな。いいよ」と何かの本を薦められていたでしょうし、お父さんやお母さんあるいは親戚などからも「この本いいぞ。ぜひ読みなさい」と何冊も本を薦められていたはずですし、教育熱心な学校の先生からも折に触れて「この本を読みましょう。いいですよ」と薦められていたはずなのです。

もし、あなたがそれを思い出せなかったとしても、きっと過去にそのような機会は多々あったはずで、あなたがその情報をスルーしていただけなのだと思います。**本とのめぐり合いは、その人にとって必要なときに訪《おとず》れるものです。**ですから、そういった本にようやくめぐり合ったあなたが、まだめぐり合うタイミングではない（あるいは、特に求めていない）他人にその本を薦めても、別にそれほどの意味はないと考えたほうが賢明《けんめい》です。

むしろ、あなたは次の名作・名著を求めて、本の旅を続ければよいのです。そして、本を読み続ける1年、3年、5年、10年、数十年という人生を、あなたがこれから続けることができたとしたら、何かのタイミングで周りにいる大切な人に、その人がそのときに求めている本をさらりと紹介できるようになるかもしれません。でも、その人がその本を読まなかったとしても、気にする必要はありません。

このあとがきでお伝えしたかった大事なことは、**「本は自分で求める人のもとに現れる」**ということです。また、自己成長にとって必要な本は、どの年齢、どのタイミングにも必ずありますから、**「成長を続けたいのであれば、毎日忙しい状況だとしても、本を手に取ってみよう」**ということです。

わたしは、これまでのことを振り返ると、本書の中で繰り返し述べたように、弁護士になるまで（30代になるまで）、本を読む習慣がありませんでした。しかし、大量の文書を読まなければ仕事をさばけない職業についたことをきっかけに、読書を習慣にして大量に本を読むことが自然にできなければならないと思ったのだと思います。ここで、「思ったのだと思います」というのは、後から考えてみると、そういうことだったのだろうなと思うからです。

他方で、明確に当時の記憶として覚えているのは、身近にいた人が、特に勉強がものすごくできるとか、特殊な職業についているとか、そういうことでもないのに、弁護士である自分よりも本を読むスピードがものすごく速く、また速いだけでなく内容を正確に理解しているのをみた、というきっかけもありました。

彼女は、「小学生のころに名作なんて全部読んだし、とにかく子どものころから本を読み続けている」といいました。それは彼女にとっては当たり前のことであり、会社で仕事をしていても、好きな外国の小説などを通勤電車の中などの細切《こまぎ》れの時間を使って、次から次へと読んでいくのです。

あまりに読むのが速いので本当に読んでいるのかといろいろ探ってみたのですが、たしかに読んでいるというか、読むスピードが遅いわたしよりも正確に内容を把握していました。ただし、それは速読ではなく、「自然な読書」なのです。

こうして、わたしは「30代からでは遅いのではないか?」などという疑問を差し挟むことはなく（それがよかったのだと思います）、本を読むようになりました。しかし、わたしが本当に30代で読書ができるようになったと実感したのは、31歳のときに長期入院をしたときでした。2か月半近くの入院生活で、最初の1か月は本を読むどころではなかったのですが、あるときから大量に本を読むようになります。

そのときは法律の本など1冊も読まなかったので、自分は別に法律が好きなわけではないとわかりました。また、朝から次の日の朝まで、1日中本を読んでいた日もありました。本当に24時間ぶっ通しです。そんな入院生活で50冊の本を読んだわたしは、その後、1年で400冊以上を読むことが当たり前となり、約5年前（2015年4月）に弁護士から大学教員に転身してからは、慣れない環境と激務もあって、年間に読める本の数はかなり減ってしまったのですが、それでも毎年90冊以上を読んでいます。

わたしのなかでは読んだ本の数は、1冊読み終えた本の数になっています。読み終えた本ではない、購入《こうにゅう》して途中まで読んだ本の数はカウントしていません。新潮社から刊行されている『マイブック』の読み終えた日の欄に、著者名・書名を記入しており、目次の月の欄に1か月間で何冊読んだか（数）を書き、1年が終わると、最初のページに日々読み終えた本の数を書いているから、その年に何冊読んだかわかるのですが、これを15年近くやっています。

途中まで読んだ本を含《ふく》めると、1年間に数百冊以上を毎年購入して読んでいるというのが実際です。なお、一応の参考として数字を示しましたが、読書で重要なのは、読んだ本の数ではないと思います。わたし自身、参考として記録しているだけで、「1年に何冊以上読もう」といった目標はまったくもっていません。

こうした15年間を過ごして本を読む習慣を身につけた現在でも別に、誰かに「この本を読みなさい」とはいいません。「本を読むといいよ」といったところで、学生は本を読まないことも知っていますから、別に何もいいません。

でも、わたしが大学で学生をみていると、知性があって魅力的だなと思う学生が、じつは小説を読んでいるということは多かったです。といっても、何となくの感想にすぎませんし、その数の統計を取ったわけでもありません。

働くようになってからでも、主婦になってからでも、忙しい仕事をするようになってからでも、きっと何かのタイミングがあれば、本を読む習慣を身につけることは可能だと思います。そのきっかけは、「このままでいいのか？」「これでいいのか？」という、あなたの人生に対する渇望感によるかもしれません。試験や失恋などの何かの挫折経験によるかもしれません。本書では省略しましたが、後者によるきっかけもわたしには人生の中にありました。

「自分は、どこに向かって生きているんだろう？」「生きるって何だろう？」「なぜ、人は仕事をしなくてはいけないんだろう？」「なぜ、こんな社会になったのだろう？」――。どんな疑問にも、本はそれを探し求めて読み続ければ、あなたに答えか、少なくとも答えを考えるヒントを与えてくれるはずです。

最後に、２０１９年12月に書き上げた原稿を、より読者に伝わるよう、書籍紹介欄の挿入などのさまざまな工夫のご提案をしてくださり、また校閲・校正などのきめ細かな編集作業をしてくださった日本実業出版社の皆様に心より感謝申し上げます。

２０２０年６月

木《き》山《やま》泰《ひろ》嗣《つぐ》

木山泰嗣（きやま　ひろつぐ）

1974年横浜生まれ。青山学院大学法学部教授（税法）。上智大学法学部法律学科を卒業後、2001年に旧司法試験に合格。2002年4月から1年半の司法修習を経て、2003年秋に弁護士登録（第二東京弁護士会）。2015年4月から現職（大学教員に転身し、教育及び研究に専念）。弁護士になってから読書をするようになり獲得した読書習慣を体系化したのが本書。専門書のほかに、高校時代に法律に興味をもったものの、わかりやすい本がなかったことから、法律を物語で解説する本なども執筆している。

著書に、『小説で読む民事訴訟法』（法学書院）、『憲法がしゃべった。』（すばる舎）、『反論する技術』（ディスカヴァー・トゥエンティワン）、『分かりやすい「民法」の授業』（光文社新書）、『税法読書術』『税法思考術』（以上、大蔵財務協会）、『もしも世界に法律がなかったら』『教養としての「税法」入門』『教養としての「所得税法」入門』（以上、日本実業出版社）などがあり、単著の合計は本書で58冊。「むずかしいことを、わかりやすく」、そして「あきらめないこと」がモットー。

Twitter：kiyamahirotsugu

「記憶力《きおくりょく》」と「思考力《しこうりょく》」を高《たか》める読書《どくしょ》の技術《ぎじゅつ》

2020年7月1日　初版発行

著　者　木山泰嗣

発行者　杉本淳一

発行所　株式会社日本実業出版社　東京都新宿区市谷本村町3－29 〒162-0845
大阪市北区西天満6－8－1 〒530-0047

編集部　☎03-3268-5651
営業部　☎03-3268-5161　振　替　00170－1－25349
https://www.njg.co.jp/

印刷／壮光舎　製本／若林製本

この本の内容についてのお問合せは、書面かFAX（03－3268－0832）にてお願い致します。
落丁・乱丁本は、送料小社負担にて、お取り替え致します。

ISBN 978-4-534-05789-1　Printed in JAPAN